the
Pomodoro
TECHNIQUE

番茄工作法
有效地使用每一点时间和脑力

[意] 弗朗西斯科·西里洛（Francesco Cirillo）◎著　廖梦韩◎译

北京联合出版公司
Beijing United Publishing Co.,Ltd.

图书在版编目（CIP）数据

番茄工作法 / (意) 弗朗西斯科·西里洛著 ； 廖梦韩译.
— 北京： 北京联合出版公司, 2019.9（2024.2重印）
ISBN 978-7-5596-3275-3

Ⅰ.①番… Ⅱ.①弗… ②廖… Ⅲ.①时间 – 管理 – 通俗读物
Ⅳ.①C935–49

中国版本图书馆CIP数据核字（2019）第104239号

著作权合同登记号：01–2019–3904

Copyright © 2006, 2018 by Francesco Cirillo
Published in agreement with The Ross Yoon Agency,
through The Grayhawk Agency.

番茄工作法

著　　者：[意] 弗朗西斯科·西里洛
译　　者：廖梦韩
总 发 行：北京时代华语国际传媒股份有限公司
责任编辑：龚　将　夏应鹏
封面设计：水玉银
版式设计：○○茓绕藤
责任校对：许　罡

北京联合出版公司出版
（北京市西城区德外大街83号楼9层　　100088）
唐山富达印务有限公司印刷　新华书店经销
字数160千字　　　787毫米×1092毫米　 1/32　　　 7.5印张
2019年9月第1版　　 2024 年2月第15次印刷
ISBN：978-7-5596-3275-3
定价：39.80元

未经许可，不得以任何方式复制或抄袭本书部分或全部内容
版权所有，侵权必究
本书若有质量问题，请与本社图书销售中心联系调换。电话：010-63783806

前　言

1987 年 9 月的一个下午，天气阴沉沉的，我给番茄形定时器上了第一次发条。当时，我在罗马以北 30 英里[①]的苏特里一个不大不小的村庄度假，上闹钟的地方正是度假屋的露台。任务很清晰但令人却步，它就是"我要完成这章内容"。我的目标章节是为大学考试准备的社会学书本的第一章，而考试在数周后就开始了。

在那个下午，我无论如何也不会想到，有一天，全世界成千上万的人会和我一样给厨房定时器上发条，用这种方法来打败干扰，在既定时间内完成目标。我也绝不会想到，有一天，我会走进满是软件

---

① 1 英里约 1.6 千米，30 英里约为 48.3 千米。

开发精英的开放式办公室，听到时钟嘀嗒走动的背景声。我也无法想象，一家银行的 CEO 会使用和我用过的一模一样的番茄形定时器来组织董事会，也想不到这个方法还被《纽约时报》《卫报》和《哈佛商业评论》报道。但是，它们都发生了。一直以来，这一切是怎么发生的仍然是一个谜。

我清晰地记得番茄形定时器第一次响起来时我的感受，那是一种不同寻常而又无法言喻的镇静。在这之前，我的思路不停地从一个地方飘向另一个地方，像置身风暴中的一艘小船。"我要通过考试""我还有三本书要读""考试前的时间所剩无几了""我做不到""我集中不了精神""我老是被干扰""我可能得停下来，推迟考试了"，或者"我得停下来，先干点别的"。然而，定时器响起，第一个计时工作阶段结束，这片海平静了下来。我知道，我能做到。我依然记得想要再设置一次定时器的心情。那时候，第一次的时间设置只有 2 分钟，而非后来发现的完美的

25 分钟。

于是，我重获了镇静和控制力，它帮助我通过了考试。这也让我开始了番茄工作法的研究。"为什么它有效？一个番茄工作时间应该多长合适？你一天能完成多少个番茄工作时间？两个番茄工作时间之间我应该休息多长时间？"我花了几年时间才找到这些问题的答案，并将它们组织发展为能提高生产力的技术。我觉得将这一技术命名为"番茄工作法"是再自然不过的事了。

在写这篇前言的时候，我身边摆放着当初陪我准备社会学考试的厨房定时器，它正发出轻柔的嘀嗒声。它是我的老朋友了。

距离 1987 年 9 月的那个下午已经过去整整 31 年了。世事变迁，斗转星移，互联网和社交媒体已经改变了我们的习惯和行为。智能手机让我们知道什么时候出发能准时赶上电影开场，或者还在回家路上的车里，我们就能知道点的餐还需多久就能送到。社交媒体和各种应用程序令我们每时每刻都置身在干扰中。那么，究竟番茄工作法是如何在数字时代还行之有效的呢？

产生最多干扰的地方是我们的大脑，我将从大脑产生的干扰称为内生干扰，比如，点比萨、更新社交媒体状态或是清洁桌子的冲动，这些干扰比邮件和脸谱（Facebook）通知的提醒声这类外在的干扰更有破坏性。处理这类干扰最有效的方法就是接受它们并用温和的方式处理它们。番茄工作法鼓励你在工作时间结束后把这些干扰用手机、电脑或者纸笔记下来，这样一来，你承认它们的价值，也就有时间思考和正确地评估它们的重要性。如果在短短一段时间内，你面临着过多的内生干扰，番茄工作法会明确要求你停下手上的工作，多一些休息时间。

太多内生干扰的出现给我们传达了一条信息：我们无法安心做好手头上的事情。这也许来自于我们害怕失败的心理。也许是我们的目标太复杂了，又或者我们觉得时间所剩无几，大脑为了保护我们，生出其他各种令人心里有底的活动。大脑作怪一旦开始就停不下来，最后我们干脆选择去做那些干扰活动。

无论是内生的还是外在的，干扰的种类和频次不会威胁到番茄工作法。番茄工作法帮助我们觉察到大脑工作的运作，并帮助我们清醒地决定用何种方法解决干扰。有时候闯入我们大脑的东西真的很紧急，但是大多数时候，推迟个 20 分钟等到番茄工作时间结束再处理是没有问题的。干扰事件是大脑用来让我们分心的途径，让我们没法专心干该干的事情，但这个过程能够更好地帮助你理解隐藏在应对干扰反应的背后的恐惧。如果你认识到了这些恐惧，你就可以找到方法解决它们。但是，如果没有这个过程，我们的恐惧就会长驱直入，最后，对恐惧的恐惧会摧毁我们。番茄工作法让我们保持和自己的对话，观察自己而不是欺骗自己。在任何时候，如果你发现自己在发短信而不是专心完成目标，别担心，因为**下一个番茄工作时间会更顺利**。请对自己温柔点。

序　言

番茄工作法是在 20 世纪 80 年代初步形成的，那时我还在读大学一年级。大学第一年期末考试备战的高昂斗志退却后，我陷入了浑浑噩噩、效率低下又迷茫的状态。每天，我去上学、听课、回家，但是心里空荡荡的，不知道自己都干了些什么，觉得自己是在浪费时间。考试日渐逼近，但我似乎找不到对抗时间流逝的方法。

有一天，在教室里，我审视同学们，然后更严厉地审视自己：我是怎么行动的、怎么和他人交往的以及怎么学习的。显然，源源不断的干扰事件和低下的专注力、斗志是我迷茫的根源。

我问了自己一个耻辱感十足但帮助性也十足的问题："你能不能真的学习一下，就 10 分钟？"我要找个外物来见证，一个时间指导器，然后我在厨房找到了番茄形的厨用定时器，换句话说，我找到了我的"番茄工作法"。

我没有立刻投入学习，实际上，我花了很多时间和精力才做到，但是最后，我成功了。

迈出这小小的第一步后，我发现了番茄工作法的动人之处。在这个新工具的帮助下，我投入到提高学习效率的过程中以及之后的工作过程中。我努力去理解和解决越来越多复杂的问题，直至形成最后的团队工作机制。渐渐地，我将番茄工作法整合起来，在本书中悉数呈现出来。

数年来，我向公众教授番茄工作法并指导团队工作。在那段时间，感兴趣的人越来越多，他们询问什么是番茄工作法以及如何使用它，于是，我觉得有必要解释下我创造出来的东西。我希望它能够帮助其他人也获得成长和达成目标。

介　绍

　　对于很多人来说，时间就是敌人。时钟嘀嗒响，焦虑就泛起，尤其是截止日期逼近的时候，这时候工作和学习效率低下，最后就发展成了拖延症。使用番茄工作法的时候，时间是宝贵的盟友，我们用自己的方式去完成目标，在这过程中不断提高工作和学习效率。本书向大家介绍的番茄工作法早在1992年就被开发出来，并从1998年开始被个人使用，自1999年起被团队使用。

　　"基础"部分介绍了关于时间的难题、番茄工作法的目标以及基本的假设。"达成个人目标"部分描述了番茄工作法，并展示了个人通过完成增量目标来使用该方法。"达成你的团队目标"解释了如何将番茄工作法运用到团队工作中，并介绍了提高团队工作效率的一系列方法。"结果"则提供了一系列观察结果，它们来自于番茄工作法使用者的经验，告诉我们能够帮助人们完成目标的因素。

CONTENTS

目录

PART 3 **达成你的团队目标**

PART 4 **结果**

APPENDIX **附录**

PART 1

基　础
FOUNDATIONS

背　景

背景

截止日期要到了，在必须完成的任务面前，有谁没有焦虑过？在这种情况下，人们常常觉得有必要把任务往后推，结果进度落在了计划后面，又或者任务被拖延着迟迟完成不了。谁没有经历过以上种种？还有，我们依赖时间，不停赴约，或因为没时间而被迫放弃自己热爱的事情，谁没有因为这样体会过不快的心情？

"记住，时间是个贪婪的赌徒，从不作弊，逢赌必赢！"波德莱尔在诗作《时钟》里如此写道。这是时间的本质吗？这难道是对时间的唯一看法吗？为什么人们在时

间方面有困难？一想到时间流逝我们就焦虑，这个
问题到底从哪儿来的？

思想家、哲学家和科学家们都试图去定义时间
以及人与时间的关系，但在历经重重挑战后都纷纷
败下阵来。事实上，这种探索是受限的，永无止境。
几乎没有人能够给出真正深刻的见解。在时间问题
上，似乎有两个联系紧密的方面同时存在：

> **流变**（becoming）：流变是指时间抽象和
> 空间的一面，生成了按"秒""分"和"时"度
> 量时间的习惯；流变也是在一条轴上代表时间
> 的想法，就像我们用坐标轴代表空间的各个维
> 度一样；流变是一个事件用时的概念，也就是
> 在时间轴上两点之间的距离；流变也是"迟到"
> 的概念，同上，也是时间轴上两点之间的距离。[1]
>
> **事件的连续性**（the succession of events）：
> 这是时间具体的一面。我们醒来、洗澡、用早餐、

---

[1]　亨利·柏格森（Henri Bergson），《创造进化论》（*Creative Evolution*, Book Jungle, 2009）。

学习、吃午餐、打个盹、玩耍、吃饭和上床睡觉。
在掌握抽象时间的概念之前，孩子们已经有了
这样具体的概念，但无论发生什么事，抽象的
时间都在不停流逝。[①]

　　在这两个方面中，"流变"令我们产生了焦虑。
本质上，时间难以被描述和定义，且永无止境：时
间朝着未来流逝。如果我们用时间的流逝来度量自
己，那么每秒钟的流逝都会令我们感到不足、被压
迫、被奴役和被打败。如此一来，我们失去了朝气，
而朝气，是我们能够完成事情的生命力。"两个小时
过去了，我什么都没完成；两天过去了，我还是什
么都没完成。"在脆弱时刻，手上的任务究竟是什么
变得不再清晰。"事件的连续性"是时间令人不那么
焦虑的一面。有时候，它还代表着活动的常规连续
性，这是令人心安和平静的节奏。

---

① 　尤金·明科夫斯基（Eugène Minkowski），《不虚度的时光》（*Lived Time*,
Northwestern University Press, 1970）。

番茄工作法的目标

番茄工作法的目标是为个人或团队提供一件简单的工具来提高生产力。它可以达到以下效果：

- 减轻"流变"带来的焦虑感
- 减少干扰，提高注意力和专注力
- 提升决策的意识
- 增强并保持动力
- 提升完成目标的意志力
- 在质量和数量上优化预测过程
- 优化工作或学习过程
- 增强个人在复杂情况下坚持完成目标的意志力

基本假设

番茄工作法建立在三个关键元素上：

· 对时间的不同看法。这种看法不再聚焦在"流变"上，因此可以减轻焦虑感，提高自我效能感。
· 更好地使用大脑。这令我们在学习过程中思维更清晰、思想更专注、反应更灵敏。
· 简单上手不复杂的工具。这降低了运用的复杂性，保证了连续性，令我们专注于要完成的目标。许多时间管理方法之所以失败，是因为它们给复杂的手头任务又添了一层复杂性。

番茄工作法的灵感最初来源于下面几个点子：时间框、由博赞（Buzan）等人开发的和大脑工作相关的一系列认知技巧[1]，以及伽达默尔（Gadamer）勾勒的游戏动力学[2]。而吉尔布（Gilb）的著作[3]则详细阐释了用增量法结构化目标和活动的概念。

[1]　东尼·博赞（Tony Buzan），《大脑使用者指南》（*The Brain User's Guide*, Plume, 1983）。

[2]　汉斯-格奥尔格·伽达默尔（Hans-Georg Gadamer），《真理与方法》（*Truth and Method*, Continuum, 2004）。

[3]　汤姆·吉尔布（Tom Gilb），《软件工程管理原则》（*Principles of Software Engineering Management*, Addison-Wesley, 1996）。

PART 2

达成个人目标

REACHING YOUR INDIVIDUAL GOALS

材料和方法

材料和方法

番茄工作法主要包含了以下五个阶段：

活动	时间	内容
规划	一天开始之际	决定一天的活动
跟踪	全天	收集原始数据，比如一天所花费的工夫和其他相关指标
记录	一天结束之际	将一天所得的数据整理成档案
处理	一天结束之际	将原始数据转化成信息
可视化	一天结束之际	处理信息，让它帮助我们明白改善的方法

表 2-1：番茄工作法的五个阶段

> 走完番茄工作法的基本阶段只需要一天或者不到一天时间，
> 这种情况下，五个阶段发生的频率就会变高。

图 2-1 : 番茄形定时器

实施番茄工作法，你所要做的就是以下几点 :

· 一个番茄形定时器 : 这是一个厨房用的定时器
  （如图 2-1）。

· 一张"今日待办任务"工作表。一天开始之际，
  我们需要在上面填入以下信息 :

   · 抬头 : 时间、地点、作者。

   · 按照优先顺序排列的待完成事件列表。

- 一项"计划外和紧急活动"。如果出现计划外但不得不处理的事件，把它记录在该项中。这些事件可能会改变一天的计划。
- 一份"活动清单"，包括抬头和空格。抬头用来记录作者名字，空格用来填入之后出现的各式各样的活动。在一天结束之际，那些完成了的任务就可以被划掉。
- 一份"记录表"。这份表格记录各种原始数据，用来制作相关的报告和图表。根据不同目标记录表设置了不同类别的方格。通常，这张表包括了日期、任务描述、完成每一项任务的番茄工作时数。这张表每日更新一次，通常在一天结束之际完成。

本书展示了许多简单的例子，在这些例子中，记录、处理和可视化过程都直接在记录表中得以完成。

由于印刷限制，本书只展示和主题相关的目录。所有表格的样本在书的最后附上，可直接用来练习番茄工作法。

　　接下来的章节将阐释番茄工作法的高阶使用方法，为的是不断实验和改进这个工作法。显然，这种工作法的增量性质意味着目标应该按照已给定的顺序依次完成。

目标一：计算活动所需花费的时间

一个传统的番茄时间是 30 分钟，其中 25 分钟用于工作，3 到 5 分钟用于休息。在一天开始之际，从"活动清单"中挑出你想完成的任务，排出它们的优先次序，然后将它们填入"今日待办任务"工作表中。

今日待办任务	
姓名：马克·罗斯	the *Pomodoro* TECHNIQUE
日期：芝加哥，2018 年 7 月 12 日	
写一篇题为"如何学习音乐"的文章（最多 10 页纸）	
大声朗读这篇文章，稍作修改	
将这篇文章浓缩成 3 页纸	

表 2-2："今日待办任务"工作表

开始第一个番茄时间

将番茄定时器设置成 25 分钟，然后开始"今日待办任务"工作表上的第一个活动。不管是谁使用番茄定时器，一个人或多个人，都应该能清楚看到剩余多少时间（*如图 2-2*）。

图 2-2：所剩时间应该总是清晰可见的

一个番茄时间不能被中断，它标志着 25 分钟纯粹的工作。一个番茄时间也不能被分段，没有所谓半个或者四分之一个番茄时间。最小的时间单位就是一个番茄时间。我们的法则是**番茄时间不可分割**。如果一个番茄时间被打断，那么这个番茄时间就要作废，一切都要从头开始，设置一个新的番茄时间。当定时器响起，在该项任务后画上一个"×"，然后休息个 3 到 5 分钟。定时器响起意味着当前活动一定结束了，即使只是暂时的。切勿再多工作个"几分钟就好了"，就算你坚信只要再给你几分钟你就可以完成手上的任务了。

今日待办任务		
姓名：马克·罗斯 日期：芝加哥，2018 年 7 月 12 日		
	写一篇题为"如何学习音乐"的文章（最多 10 页纸）	×
	大声朗读这篇文章，稍作修改	
	将这篇文章浓缩成 3 页纸	

表 2-3：第一个番茄时间

3 到 5 分钟的休息让你和工作暂时脱钩，让大脑消化 25 分钟的学习所得，也给你些时间做些有益身心的事情，这样你在下一个番茄时间可以发挥得更出色。在休息时间里，你可以起身在房间里走一走，喝点水，设想下假期要去哪儿玩。你也可以深呼吸，做做伸展运动。如果你身边有人一起在休息，那么讲一两个笑话轻松一下。

在短暂的休息期间，不建议你去做需要大量脑力的事情，比如，不要和同事讨论和工作相关的事情，不要写重要的邮件，不要打紧急的电话。以上活动都会阻碍和破坏大脑的整合过程，而这个整合、休息过程能让你在下一个番茄时间开始时集中精力并做好准备。你应该将这些活动放入活动清单并在额外的番茄时间里完成它们。显然，在休息期间，不宜继续想着上个番茄时间里的内容。一旦休息结束，将定时器设置成 25 分钟，继续手上的任务，直到铃响。接着，在"今日待办任务"工作表中画上另一个 ×（如表 2-4）。

今日待办任务		
姓名：马克·罗斯		
日期：芝加哥，2018 年 7 月 12 日		
	写一篇题为"如何学习音乐"的文章（最多 10 页纸）	× ×
	大声朗读这篇文章，稍作修改	
	将这篇文章浓缩成 3 页纸	

表 2-4：第二个番茄时间

休息 3 到 5 分钟后开始另一个番茄时间。

每 4 个番茄时间为一组

每 4 个番茄时间后，你应该停止手头上的工作，享受一个较长的休息时间，一般是 15 到 30 分钟左右。

在这 15 到 30 分钟里，你可以清理你的工作台、享用一杯咖啡、接听语音邮件、查看电子邮件，或者就是简单的休息、做做呼吸练习、四周走一走。重要的是，不要做复杂的事情，否则大脑不能重新组织和整合你所学过的东西，这样你就不能在下一个番茄时间发挥出色。同样，在休息期间，要避免去回想上个番茄时间的内容。

今日待办任务		
姓名：马克·罗斯		
日期：芝加哥，2018 年 7 月 12 日		
	写一篇题为"如何学习音乐"的文章（最多 10 页纸）	× × × ×
	大声朗读这篇文章，稍作修改	
	将这篇文章浓缩成 3 页纸	

表 2-5：完成第一组番茄时间

完成一项任务

你不停地工作，一个接一个地完成番茄时间，直到任务结束，然后在"今日待办任务"工作表上将结束的任务划掉（表2-6）。

今日待办任务		
姓名：马克·罗斯 日期：芝加哥，2018 年 7 月 12 日		
~~写一篇题为"如何学习音乐"的文章（最多 10 页纸）~~	× × × × ×
大声朗读这篇文章，稍作修改	
将这篇文章浓缩成 3 页纸	

表 2-6：完成一项任务

具体情况都依照以下法则处理：

- 如果一项任务完成了，但一个番茄时间还未结束，**那么牢记以下法则：一个番茄时间必须有始有终**。你可以利用这个机会超量学习，用剩下的时间复习所学，做出小小改进，记下你都学了什么，一直到番茄定时器响起。

- 如果你在番茄时间开始后的 5 分钟内就完成了任务，而且觉得这个任务在上个番茄时间其实就已经收尾了，没必要再重温一次，那么，作为一个例外，当前的番茄时间可不计。

今日待办任务	
姓名：马克·罗斯	
日期：芝加哥，2018 年 7 月 12 日	
写一篇题为"如何学习音乐"的文章（最多 10 页纸）	×××××
大声朗读这篇文章，稍作修改	××
将这篇文章浓缩成 3 页纸	×××

表 2-7：完成几个任务

一旦完成当前任务，就着手下一个任务，一直如此下去，每一个番茄时间结束后休息 3 到 5 分钟，每四个番茄时间结束后享受一个较长的休息时间（如表 2-7）。

记　录

　　在一天结束之际，完成的番茄时间可以转化成一份纸质文件，电子表格会更方便一点，数据库也可以，然后将已完成的任务在"活动清单"上划掉。你跟踪和记录的，取决于你的观察对象以及你想要的报告的形式。

　　一开始，跟踪和记录的目标可以仅仅是计算每项任务需要多少个番茄时间。换句话说，你让大家知道完成每一项任务需要多少工夫。为此，你可以用以下表格，包括日期、起始时间、活动类型、活动内容、所用番茄时间数量、所达成目标的简述，以及可改善空间或问题所在。一开始的记录模式事实上就是你想要的报告的样子，这在纸上很容易画出来。

记录表 姓名：马克·罗斯					
日期	**时间**	**类型**	**活动**	**所用番茄时间**	**笔记**
07/12/2018	8：30	写作	《如何学习音乐》	5	7 页纸
07/12/2018	11：30	修改	《如何学习音乐》	2	
07/12/2018	14：00	浓缩	《如何学习音乐》	3	从 7 页纸浓缩到 3 页纸

表 2-8：记录表

要是马克没有记下活动的开始时间怎么办？在番茄工作法之下，重要的不是追踪一个活动的开始时间，而是每项活动所花费的番茄时间数量，这是真正的付出。明白这点对于理解番茄工作法至关重

要。由于每天至少有一次追踪，回忆和重组活动的
开始时间并不会很困难，实际上，这种回忆也是一
项颇有益处的脑力活动。

回忆活动开始时间的一个技巧就是制作一天的活动流程
表，以最后一次活动为开始，依次往前推算。

改　善

　　记录给使用番茄工作法的人们提供了一个有效
的工具，用来自我观察和做决策，改善活动流程。
比如，你可以计算一下，每周你花在工作或探索性
活动上的番茄时间有多少，或者一周平均每天花了
多少个番茄时间。你也可以看下番茄工作法的所有
阶段是否都是有效的，是否可以在得到一样效果的
前提下略过某个阶段。

　　比如，表 2-8 中，马克总共花了 10 个番茄时
间来撰写、修改和浓缩《如何学习音乐》这篇文章。
看起来所花时间不少。马克想要在 9 个或者少于 9
个的番茄时间内完成这些任务，这样他就会多出一
个番茄时间来休息。"我想要用更少的时间完成一篇
相同质量的文章，怎么做？我可以省略哪些步骤？

哪些活动才是真正有用的？我要怎么重新组织它们
来达到更好的效果？"

　　这些问题能够促使人们去改进，至少尝试去改
进他们的工作或者学习过程。在一天结束之际，记
录和之后的反思应该在一个番茄时间内完成。

番茄时间的性质

番茄时间标志着时间的流逝，也是时间维度的一种计量单位。当它和参与活动的人数结合在一起后，就成了所花工夫的计量单位。根据人数，我们可以说完成一项任务花了多少"个人番茄时间""组合番茄时间"或"团队番茄时间"，用它们来度量所花费的工夫。但多少人花多少工夫不是对等的，所以它们不能相加或者被比较。

个人、组合或者团队的工作，代表的是生产因素结合的不同方式，也意味着不同的沟通模式。在个人番茄时间、组合番茄时间和团队番茄时间之间没有换算公式。

假如想度量超过一个人参与的活动或由组合、团队参与的活动，如果是按金钱计算，给每个番茄时间定个价，我们就可以比较花费的不同的工夫并将它们相加计算。比如，一个活动花费了两个个人番茄时间和三个组合番茄时间，在计算所花费工夫时，我们不能将这两种番茄时间进行比较或相加。然而，给每个番茄时间定个价格，比如 10 美元，那么我们可以说这个活动所花费的工夫为 $2 \times \$10.00 + 3 \times 2 \times \$10.00 = \$80.00$。

目标二：减少干扰

每个番茄时间只有区区 25 分钟，似乎能够抵御各种各样的干扰。然而，经验告诉我们，一旦你开始使用番茄工作法，干扰是个实实在在的问题，这也就是为什么我们需要一个有效的措施来将干扰减小到最低，最终顺利完成更多的番茄时间的原因。干扰主要有两种：内生的和外在的。

内生的干扰

　　每个番茄时间只有 25 分钟，但是在一开始的几个番茄时间里，要抵御内心生出的会中断手头工作的渴望并不容易，这些渴望包括起身拿点东西吃、打个貌似紧急的电话、在互联网上找点东西（和手头工作相关或者无关的东西）以及查收邮件。最后，我们将不得不重新排列任务的优先次序。这样，我们将一直在重新安排每日的计划或决定。

　　在工作期间，这些干扰或者拖延的方式被称作内生干扰。它通常掩盖了我们不能够以想要的方式和节奏完成工作的恐惧。内生干扰往往和不能够集中精力息息相关。

　　我们怎么才能摆脱内生干扰的影响？需要从两方面入手：

1. 我们将这些干扰可视化，每当你发现干扰出现，就在你的番茄时间表上画上一个撇号（'）。

2. 决定处理它们的方法。你可以按照以下方法处理：

- 如果你觉得新任务紧急且无法推后，那么在"今日待办任务"工作表的"计划外＆紧急"一栏处记下这个任务。

- 将它记录在"活动清单"上，标上"U"（计划外），如果有必要，可以设定完成该任务的截止时间。

- 增强你完成进行中的番茄时间的决心。标上撇号（'）后继续完成手头工作直到定时器响起。（法则：一个番茄时间必须有始有终。）

我们的目标是要接受这个事实——渴望会出现且不容忽视。客观地看待它们，并安排时间满足它们。

情　境

　　我们用一个例子来阐明应对内生干扰的内心过程。在撰写《如何学习音乐》这篇文章的第二个番茄时间期间，马克忽然觉得他必须给好朋友卡罗打个电话，问他最喜欢的摇滚乐团什么时候办下次演唱会。马克问自己："这真的很紧急吗？我真的必须在今天做完吗？不，我可以将它推迟。推迟到一个或者两个小时后吧。其实推到明天也可以。"马克在"今日待办任务"工作表的当前任务旁画了一个撇号（如表2-9），将打电话这件事放入"活动清单"，并标上"U"（如表2-10），然后接着完成番茄时间。

	今日待办任务	the *Pomodoro* TECHNIQUE
姓名：马克·罗斯		
日期：芝加哥，2018 年 7 月 12 日		
	写一篇题为"如何学习音乐"的文章（最多 10 页纸）	×¹
	大声朗读这篇文章，稍作修改	
	将这篇文章浓缩成 3 页纸	

表 2-9：一个内生干扰

活动清单		
姓名：马克·罗斯		
	……	
U	打电话给卡罗，问他下次摇滚演唱会是什么时候	
	……	

表 2-10：一个计划外的活动

或者接着，马克问自己："这个活动一定要在明天之前做完吗？不，只是这周结束前必须做完。"于是他在"U"旁的括号内加上了截止日期（如表2-11），然后继续完成番茄时间。

活动清单		
姓名：马克·罗斯		the Pomodoro TECHNIQUE
	……	
U（7月14日）	打电话给卡罗，问他下次摇滚演唱会是什么时候	
	……	

表2-11：计划外活动及其截止日期

假如马克在 10 分钟后突然想来一块比萨，他就
要画上第二个撇号，但这次他会将这件事标在"今
日待办任务"工作表的"计划外 & 紧急"一栏下（表
2-12），然后继续完成番茄时间。

今日待办任务	
姓名：马克·罗斯 日期：芝加哥，2018 年 7 月 12 日	
写一篇题为"如何学习音乐"的文章（最多 10 页纸）	×"
大声朗读这篇文章，稍作修改	
将这篇文章浓缩成 3 页纸	
计划外 & 紧急	
订比萨	

表 2-12：紧急的内生干扰

到此，番茄时间都没有被中断，定时器仍然在

走，马克还在工作，同时也处理着干扰。显然，处理干扰的时间越少越好，最多几秒钟，否则番茄时间就被认为中断或者无效。最后，定时器响起，马克在表格中的任务旁画上一个"×"然后休息片刻（如表 2-13）。

今日待办任务		
姓名：马克·罗斯 **日期**：芝加哥，2018 年 7 月 12 日		*the* **Pomodoro** TECHNIQUE
	写一篇题为"如何学习音乐"的文章（最多 10 页纸）	×"×
	大声朗读这篇文章，稍作修改	
	将这篇文章浓缩成 3 页纸	
	计划外 & 紧急	
	订比萨	

表 2-13：紧急的内生干扰，第二个番茄时间

马克决定开始下一个番茄时间。在第三个番茄

时间，马克碰到了 8 个潜在的干扰，但是他都应付过来了。他将不紧急的干扰活动记录在"活动清单"上，将其他紧急的干扰活动归类在"今日待办任务"工作表中的"计划外 & 紧急"一栏（如表 2-14）。

今日待办任务		
姓名：马克·罗斯		
日期：芝加哥，2018 年 7 月 12 日		
	写一篇题为"如何学习音乐"的文章（最多 10 页纸）	×″×‴
	大声朗读这篇文章，稍作修改	
	将这篇文章浓缩成 3 页纸	
	计划外 & 紧急	
	订比萨	
	挑选自行车	
	阅读亚洲地区学习音乐的文章	
	在网上找找七月份芝加哥爵士音乐活动	

(续表)

今日待办任务	
姓名：马克·罗斯	
日期：芝加哥，2018 年 7 月 12 日	
查看电子邮件	
点中国餐外卖	
清理办公桌抽屉	
削铅笔	

表 2-14：几件紧急的内生干扰事件

表 2-14 中列出的紧急事件可能令不少人忍俊不禁，但马克就是这么看待这些事情的。关键是，在番茄工作法之下，许多有用或者有趣的事情会出现，但是我们清醒地做出决定，在番茄时间中不去做这些事情。

浏览一遍这些五花八门的活动和标在它们身上的紧急性，我们可以看到我们的思绪流动得有多厉害，而要让它们静止并专注在手头上的任务上又是多么困难。大多数情况下，冒出来的各式各样的内生干扰只不过是我们害怕完不成手头任务的一种表现。

然而，冒出来的干扰绝大多数都算不上紧急事件，即使对记录下它们的当事人来说也是如此，这一点都不奇怪。在番茄时间或者活动甚至一天结束以后，那些被归类为紧急事件或者必须优先处理的事件常常可以通过以下方法解决：

· 把它们移到活动清单。比如，明天再挑选自行车也不迟。

· 在较长的休息时段内处理它们。比如，查找七月份芝加哥爵士音乐活动的信息。

· 把它们删掉。马克真的想点比萨外加春卷和北京烤鸭吗？他可能会意识到他其实根本不想点什么，一天活动结束后再吃就可以了。

在一个番茄时间、四个番茄时间或者一天结束后，浏览这些干扰活动会给你不一样的视角。有时我们的发现十分出人意料。真正紧急的事件在"今日待办任务"工作表上被着重突出，而番茄工作法就是不让番茄时间被其他活动所干扰。于是，我们可以按照下列方法来做：

- 把干扰活动放到下一个番茄时间去做，取代原来的活动，仍按一个番茄时间计算。
- 重新安排时间表，取消一些活动，安排新活动。
- 将干扰活动从一个番茄时间推到下一个番茄时间，不停往后推，直到一天结束。这能够帮助我们慢慢学习到什么才是真正紧急的。

如果计划外但紧急的活动在当天得以完成，那么在表格相应的位置划掉它（如表 2-15）。

今日待办任务		
姓名:马克·罗斯		
日期:芝加哥,2018 年 7 月 12 日		
写一篇题为"如何学习音乐"的文章(最多 10 页纸)		×"×""""
大声朗读这篇文章,稍作修改		
将这篇文章浓缩成 3 页纸		
计划外 & 紧急		
订比萨		
挑选自行车		
~~阅读亚洲地区学习音乐的文章~~		×
在网上找找七月份芝加哥爵士音乐活动		
查看电子邮件		
点中国餐外卖		
清理办公桌抽屉		
削铅笔		

表 2-15:当天得以完成的计划外但紧急的事情

目前讨论过的例子中，我们可以认为干扰活动都已经处理完了。但需要注意的是，我们处理内生干扰是为了逆转对它的依赖，使它跟着番茄时间有节奏地走。

如果你守不住诱惑或者事情真的十分紧急，不得不中断番茄时间，那么只有一种方法，那就是，将进行中的番茄时间作废，就算定时器快响了也一样。记住，我们的法则是，一个番茄时间不可切分。在已完成的番茄时间后画上一个撇号，代表一个被中断的番茄时间。显然，你不能用 × 来代表一个未完成的番茄时间，所以干脆休息 5 分钟，然后开始新的番茄时间。

下一个番茄时间会更顺利的。

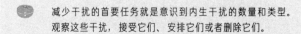

减少干扰的首要任务就是意识到内生干扰的数量和类型。观察这些干扰，接受它们、安排它们或者删除它们。

外在干扰

人在社会环境中免不了被干扰。比如，你的学习小伙伴请你解释一段文字或者邀你晚饭后看一场电影；秘书未过滤的一个电话打了进来；同事叫你准备一份报表；一有新消息，邮件系统就"哔"一声提醒你。面对这些情况，你该怎么办？

面对外在干扰，我们要有能力"保护"番茄时间正常进行。目前，扫除内生干扰的方法有了，但是外部世界不停阻碍着我们享受将"×"画上"今日待办任务"工作表的乐趣。

外在干扰与内生干扰最大的不同之处在于我们要和他人打交道，要和他人沟通，但是，处理外在干扰和解决内生干扰的方法相似，就是逆转对干扰的依赖，让干扰跟着我们的节奏走。

这里举一些例子来解释清楚如何处理外在干扰。打进来的电话可以转到电话应答机上，我们稍后再听留言；只要把消息提示的语音关掉你就可以不受电子邮件的干扰；如果你的同事或者学习小伙伴来找你，你可以礼貌地说你在忙，不能被打扰；也有人会十分幽默地说："我正在一个番茄里。"

告诉对方，你会在 25 分钟后回复他/她。当然，也可能是几个小时后或第二天，全看这些事情有多紧急和多重要。根据我过去的经验，需要立马处理的紧急情况在现实生活中是少之又少的。过了 25 分钟或者 2 个小时（**4 个番茄时间**）再去处理那些通常意义上的紧急事件总是行得通。把事情往后推不会给尝试和你沟通的人带来什么损失，却可以让你的大脑更有效率地运作，按照原计划处理任务、重新安排紧急事件。这样做多了，你就会发现，所谓紧急事件常常可以被推迟到第二天再处理，而且不会让找你做事的人失望。

　　保护番茄工作法意味着你及时告知对方，迅速协商，重新安排中断事件并按照协商回复来找你的人。告知、协商和回复策略使你能够控制外在干扰，它们按照紧急程度被放入当天的某个番茄时间中或者第二天去。逆转对干扰的依赖的运作就是这样的，我们不再被干扰牵着鼻子走，而是让干扰跟着我们的节奏。比如，我们可以辟出一个番茄时间，并在这个番茄时间内回复他人。

　　刚开始使用番茄工作法的人都有差不多的反馈，那就是，一个番茄时间里（25分钟）常常冒出10到15个外在干扰。如果干扰你的人发现你是真的会如期回复他们而不是拖延之后不了了之，之后就会终止干扰我们，进而保护我们的番茄时间。许多和番茄工作法使用者共事或求学的人都会说，他们觉得自己在和珍视自己时间的人打交道。

　　从操作上来说，处理外在干扰和内生干扰并无二致。在这里，我们主要处理以下两个方面：

1. 将干扰可视化。每当有人或有事要中断番茄时间，就在番茄时间记号旁画上一条短横线（－）。

2. 做决定，处理干扰。你可以按照以下方法处理干扰：

- 假如新活动必须当天完成，就在"今日待办任务"工作纸的"计划外＆紧急"一栏记下它，在左边加上截止日期，用括号括住。

- 把活动放入"活动清单"，标记上"U"（计划外），如有必要加上截止日期并用括号括住。

- 加强你完成番茄时间的意志力，画上短横线之后，继续工作直到定时器响起。

通过这个方法，你能做到不忘初心，算清一天有多少外在干扰出现，但又不破坏番茄工作法。在下面这个例子中，我们可以看到，在第二个番茄时间进行写一篇题为"如何学习音乐"的文章的任务时，出现了两个外在干扰，它们是被这样处理的（如

表 2-16 和表 2-17）。

今日待办任务		
姓名：马克·罗斯 日期：芝加哥，2018 年 7 月 12 日		the Pomodoro TECHNIQUE
	写一篇题为"如何学习音乐"的文章 （最多 10 页纸）	× --
	大声朗读这篇文章，稍作修改	
	将这篇文章浓缩成 3 页纸	
	计划外 & 紧急	
（3：40）	将文章草稿用电子邮件发给卢克	

表 2-16：一项计划外的紧急任务

活动清单 姓名：马克·罗斯		*the* Pomodoro TECHNIQUE
	……	
U（7月13日）	和马斯托·内里预约面试时间	
	……	

表 2-17：有截止日期的计划外紧急任务

如果我们不敌人性的弱点或者真的有紧急情况

要应付，番茄时间不得不中断，这时候只有一个法
子，那就是将正在进行的番茄时间作废，就算定时
器很快就要响了。记住，我们的法则是，一个番茄
时间不可切分。在番茄时间记录表上画上短横线，
代表中断的番茄时间，在"计划外 & 紧急"一栏写
下干扰活动的情况和截止日期，然后开始一个番茄
时间来处理这项干扰活动。

　　下一个番茄时间会更顺利。

 为了减少干扰，我们的第二个任务就是要意识到外在干扰
的次数和类型，然后根据紧急程度去协商和重新安排它们。

系统性干扰

在使用番茄工作法的过程中，我们系统地处理内生和外在干扰，这样做的最大的好处就是用来处理组织活动（邮件、电话、会议等）的时间都会被合并成番茄时间。最自然和最普遍的做法就是腾出一个番茄时间来处理紧急的干扰事件。这种依赖逆转机制保护了正在进行的番茄时间，并将干扰事件纳入下一个番茄时间，从而达成沟通的多种形式。

在这里，我们要强调一点，番茄工作法使用者有以下目标：

· 要推迟处理紧急事件的番茄时间，越久就好，这样可以缓解干扰的紧急性，增强它们的可控性和可安排性。

· 要逐步减少腾给干扰事件的番茄时间。

当计算花在工作上（没有干扰的情况下）和组织性活动（部分就是干扰事件）上的时间时，番茄工作法的使用新手会万分吃惊。在一些团队，成员每人每天花在工作上的时间不过 2 到 3 个番茄时间，而其他番茄时间都花在了开会、打电话和回邮件上。

记录：规划阶段的质性评估错误

查看每天活动的记录情况，看看"活动清单"里标上"U"的活动和"今日待办任务"工作表上"计划外 & 紧急"一栏的活动。这样一来，在规划阶段，你可以评估自己在针对某个目标所安排活动的数目和类型上的预估能力。计划外活动越多，你开始时预估的质性误差就越大。所以，你可以计算出完成既定目标过程中出现了多少计划外活动。显然，你可以将"记录表"上的内生和外在干扰算在一起，并在今后逐步减少它们的出现次数。

目标三：预测活动所需多少工夫

一旦你掌握了番茄工作法并完成了前面两个目标，你就可以开始着手量性预测了。这是一个长期目标，目的是要对一项活动所需多少工夫做出估计。

"活动清单"里列出了所有需要完成的活动，对这些活动要做出规划，就需要你找到达成这些活动目的的途径（比如在项目一开始）以及处理干扰的方法。有些活动到后来慢慢失去了目的，这时候你可以把它们从"活动清单"中删掉。

　　在一天开始之际，你要计算清单里每项活动所需的番茄时间。如果有需要，可以修改之前的预测。将预测的番茄时间数写在"活动清单"相应的位置（如表2-18）。番茄工作法估计的是一群人完成一项任务所需的番茄时间，所以这是一种对所有付出的度量方法。在下面这些例子中，任务所需的番茄时间都是按个人计算的。

活动清单		
姓名：露西·班克斯		
	......	
	回答第四章的热力学有关问题	2
	向马克大声朗读热力学定律	3
	总结并写下热力学定律	3
	打电话给劳拉，邀请她参加热力学研讨会	

（续表）

	活动清单	
姓名：露西·班克斯		the Pomodoro TECHNIQUE
	打电话给马克，叫他把我的笔记本电脑赶紧还我！	
	打电话给安德鲁，问他买音乐会门票的事情	
	发邮件给尼克，问他怎么做第24页练习2的题目	
	……	

表 2-18：每日预测

我们所做的预测要建立在之前的经验——已经完成的番茄时间上，并且像 5.5 这样的数字是不允许出现的，要写成 6 个番茄时间。如果预测时间超过 5 到 7 个番茄时间，那么这个活动就太复杂了，需要将它分解成几个活动，分别计算它们的番茄时间，并在"活动清单"上将它们记录下来。记住以下**法则：如果任务预计要花超过 5 到 7 个番茄时间，将它分**

解开来。这样一来，活动的复杂性降低了，预测的准确性提高了。如果把活动分解成增量的形式，那么它比只是简单的细分活动的效果要大得多（*增量活动每次都能产生一点价值*）。如果一个活动所花时间少于一个番茄时间，比如打电话给劳拉邀请她参加热力学研讨会，或者打电话叫马克归还笔记本电脑，我们可以将这些活动放在一起，凑够一个番茄时间。请记住以下**法则：如果活动预计所花时间不够一个番茄时间，把类似活动累积起来**。所以，碰到不用一个番茄时间就能完成的任务，我们有以下两种方法：

- 从活动清单中找出性质相同的任务，把它们累积起来凑够一个番茄时间。
- 把任务放一边不做预测，等你填"今日待办任务"工作表的时候再将它和其他任务凑在一起。

在选择方法的时候，记住"活动清单"的其中一个功能就是帮助我们选择填入"今日待办任务"工作表的活动。如果要处理的任务相似或者互补，那么选择第一个策略；如果任务没有做预测，那么选择第二个策略：将它们放一边，之后再凑在一起。不管哪种情况，"活动清单"的有效任务越多，挑选策略就越简单，将不同任务结合起来也就越简单。

	活动清单	
姓名：露西·班克斯		
	……	
	回答第四章的热力学有关问题	2
	向马克大声朗读热力学定律	3
	总结并写下热力学定律	3
	打电话给劳拉，邀请她参加热力学研讨会	
	打电话给马克，叫他把我的笔记本电脑赶紧 还我！ 打电话给安德鲁，问他买音乐会门票的事情	1
	发邮件给尼克，问他怎么做第 24 页练习 2 的题目	
	……	

表 2-19：活动预测时间少于一个番茄时间

活动清单上如果有任何修改，可以用上铅笔和橡皮擦。

可用的番茄时间

在你对每项活动做出预测后，将要做的活动整合起来，确保它们总共所花的番茄时间在一天内可完成。

将一天可用的番茄时间记在"今日待办任务"工作表上，这个简短的任务通常在你列出要做的事情前就要完成。如表 2-20 显示，7 月 12 日，露西只有 8 个番茄时间可用。她需要将那天要做的任务挑出来，如有必要，将一些任务在"活动清单"里凑一起。请记住以下**法则：如果活动预计所花时间不够一个番茄时间，把它们累积起来**。将这些活动按优先次序列在"今日待办任务"工作表上。在每一项任务后，按预测的所需番茄时间画小方格，一个方格就代表一个要花的番茄时间。

	今日待办任务	
姓名：露西·班克斯 日期：芝加哥，2018 年 7 月 12 日 可用番茄时间：8		
	......	
	回答第四章的热力学有关问题	□□
	向马克大声朗读热力学定律	□□□
	总结并写下热力学定律	□□□

表 2-20：预测所需番茄时间

如果所有活动的预测时间加起来超过 8 个番茄时间，就没有什么意义了。如果预测的番茄时间总数比实际所有的总数多了，那么我们只有在结束所有计划后才能使用剩余的番茄时间。这时候，你可以从"活动清单"挑选其他活动填满额外的时间。

可能出现的情况

　　和平时一样，定好定时器，开始列表上的第一个活动，每当定时器响起就在相应方格上画上一个"×"（如表 2-21）。

	今日待办任务	
姓名：露西·班克斯		
日期：芝加哥，2018 年 7 月 12 日		
可用番茄时间：8		
	……	
	回答第四章的热力学有关问题	☒☐
	向马克大声朗读热力学定律	☐☐☐
	总结并写下热力学定律	☐☐☐

表 2-21：第一个预测番茄时间和完成情况

　　如果你在预测的番茄时间内刚好完成任务，就将这项活动划掉（如表 2-22）。

今日待办任务		
姓名：露西·班克斯 日期：芝加哥，2018 年 7 月 12 日 可用番茄时间：8		
	·····	
	回答第四章的热力学有关问题	☒☒
	向马克大声朗读热力学定律	☐☐☐
	总结并写下热力学定律	☐☐☐

表 2-22：在预测的番茄时间内刚好完成的活动

　　如果你完成任务的时间少于所预测的番茄时间（高估的误差），完成后将任务划掉，不用管后面的方格（如表 2-23）。

今日待办任务		
姓名：露西·班克斯		
日期：芝加哥，2018 年 7 月 12 日		
可用番茄时间：8		
	……	
	回答第四章的热力学有关问题	☒☒
	向马克大声朗读热力学定律	☒☒☐
	总结并写下热力学定律	☐☐☐

表 2-23：高估预测时间

　　如果你预测的番茄时间不够用，需要额外的番茄时间才能完成手头任务（量性低估的误差），你可以参考以下两种方法：

- 继续手头上的工作，在相应位置画上"×"，不计入新预测。表 2-24 就是额外使用一个番茄时间完成任务的例子。

- 在相应位置做出新预测，画在已完成的番茄时间后，用不同颜色或形状表示。通过这种方法，你标明了做第二次或第三次预测的需要并证实了相应的误差（如表 2-25）。

今日待办任务		

姓名：露西·班克斯
日期：芝加哥，2018 年 7 月 12 日
可用番茄时间：8

	回答第四章的热力学有关问题	☒☒
	向马克大声朗读热力学定律	☒☒☐
	总结并写下热力学定律	☒☒☒ ×

表 2-24：低估预测

	今日待办任务		
姓名：露西·班克斯		
日期：芝加哥，2018 年 7 月 12 日		
可用番茄时间：<u>8</u>		
	⋯⋯	
	回答第四章的热力学有关问题	☒☒
	向马克大声朗读热力学定律	☒☒☐
	总结并写下热力学定律	☒☒☒ ◯◯

表 2-25：第二次预测

　　如表 2-26，你能看到，露西花了 4 个番茄时间做总结，其中有 3 个是在第一次预测的（低估预测），另一个是第二次预测的，但第二次预测，她预测了两个番茄时间（高估预测）。

	今日待办任务	
姓名：露西·班克斯		
日期：芝加哥，2018 年 7 月 12 日		
可用番茄时间：8		
	……	
	回答第四章的热力学有关问题	⊠⊠
	向马克大声朗读热力学定律	⊠⊠□
	总结并写下热力学定律	⊠⊠⊠ ○

表 2-26：在第二次预测的番茄时间内完成任务

活动一般不会超过 7 个番茄时间（**法则：如果**

任务预计要花超过 5 到 7 个番茄时间，将它分解开来），所以之后的预测一般不超过三次。如果有活动需要第三次预测，我们应该重新认真考虑这些活动，明白为什么做这些预测是这么复杂。

记录预测

介绍了量性预测的概念后，报告的目标可以更复杂些。新的目标包括以下几个方面：

- 计算预测的准确度，分析每项活动预测所花时间和实际所用时间之间的差距。
- 明白哪些需要多次预测（第二次或第三次预测）。

到了这步，记录表要稍作改变，根据具体情况，生成的报告可以包括预测、实际时间和误差这类信息。有两种方法将以上信息可视化（如表 2-27 和表 2-28）。

			记录表			
姓名：露西·班克斯				*the* Pomodoro TECHNIQUE		
日期	时间	类型	活动	预测所用番茄时间	实际所用番茄时间	误差
7/12/2018	10：00	学习	回答第四章的热力学有关问题	2	2	0
7/12/2018	11：30	复习	向马克大声朗读热力学定律	3	2	−1
7/12/2018	14：00	总结	总结并写下热力学定律	3	4	1

表 2-27：只做一次预测

有许多种方法可以呈现你要的结果。报告的复杂性不会大，你可以直接从记录表获取数据，然后做点简单的运算。计算越复杂，你就越想用上数据库、电子表格和其他特别的软件。请记住，记录活动越简单越好。

记录表							
姓名：露西·班克斯							
日期	时间	类型	活动	预测所用番茄时间	实际所用番茄时间	误差1	误差2
7/12/2018	10：00	学习	回答第四章的热力学有关问题	2	2	0	
7/12/2018	11：30	复习	向马克大声朗读热力学定律	3	2	−1	
7/12/2018	14：00	总结	总结并写下热力学定律	3+2	4	1	1

表 2-28：第一次和第二次预测

 提高量性预测准确性的首要目标就是防止第三次预测的出现，控制整体误差。其次，就是防止第二次预测的出现，将整体误差控制到最小。最后，将第一次预测的误差减到最小。

不停地探索

　　不是所有活动的时间都能被预测。在一个新项目或者学习活动开始的时候，花些时间探索有益无害。这些探索包括搜寻新资源、明白你要学习或者参考的文本的结构以及更清楚地定义你的目标。在探索的过程中，时间箱这个方法值得一试。给探索设置番茄时间，当时间到了，你可以做工作计划或者开始一项活动，又或者你可以继续探索，这取决于你究竟想走哪个方向。

目标四：让番茄时间更高效

当你可以系统地使用番茄时间而不受其他事情干扰且掌握了预测时，你可以升级番茄工作法。

番茄时间的结构

　　首先升级的是番茄时间的结构。每个番茄时间的头 3 到 5 分钟可以用来简单地重温之前所学过的东西（**从活动的一开始复习起**），巩固印象。每个番茄时间的最后 3 到 5 分钟可以用来快速地复习之前所有事情。如果情况允许，用"结果—原因"程式，从最后一项活动逐个返回到一开始的计划。

　　增加这两项活动不会改变一个番茄时间（25 分钟）的长度。番茄工作法帮你提高了时间意识，令你能够感知 3 到 5 分钟的长度，如果你做不到，说明你对这个工作法的基础技能还没完全掌握。

 番茄时间的最后几分钟让你复习之前所完成的任务。如果你想检查工作完成的质量和方法，看看有没有什么地方可以改进，那么你要另外安排 1 到 2 个番茄时间来做这件事。这样，每天在做记录时，观察过程会更快。

番茄时间组

以 4 个番茄时间为一组，升级番茄时间。如上文所说，番茄时间组中的第一个番茄时间或它的一部分也能够用来复习开始到现在所完成的事情。同样，番茄时间组的最后一个能够用来复习之前所学。在进行重复和修改时，如果你将它们大声读出来或者和团队里的成员一起讨论，效果会更好。系统性的重复和修改能提高"过度"学习的效果，有助于获得新知识。

目标五：制作时间表

你要定义和尊重一张时间表，绝对不能低估这么做的重要性，理由如下：

- 时间表给我们设置了界限。假如我们真正明白界限的不可侵犯性，它能帮助我们把界限变得具体并督促我们做事。它促使我们在有限的一段时间里尽最大努力完成任务。番茄工作法就有这样的效果。

- 时间表将工作时间和自由时间区分开来，后者的最佳定义是用来完成非目标任务或

　　计划外活动的时间。这样的休闲时间是用
　　来补充我们大脑能量的，如果没有休闲时
　　间，创造力、兴趣和好奇心就会消失不见，
　　我们只能不停地消耗自己，直到能量耗尽。
　　毕竟，没有油，发动机就跑不起来。

· 时间表度量了一天的成果。一旦我们整理好"今
　　日待办任务"工作表，我们的目标就是在既定的
　　时间里以最高质量完成工作表里的活动。如果
　　时间用尽而工作却没完成，我们可以想法子弄
　　明白哪里出了问题。在这个过程中，我们还能
　　得到极其宝贵的信息，那就是，一天内，我们
　　完成了多少个番茄时间。

　　使用番茄工作法的时候，浪费了多少时间并不
重要，重要的是我们完成了多少个番茄时间。到了
第二天，我们在决定有多少个番茄时间可用时，可
以参考前一天的数量，根据这个来安排要做的活动。

时间表最大的风险之处在于我们很可能低估它的重要性，因为我们很容易掉进不尊重它的陷阱里。举个例子，假设现在是下午三点，在这之前你几乎浪费了一天的时间，你没有完成你预期的任务量。于是，你告诉自己："今天，我要熬夜把时间补回来。"英雄主义裹挟着内疚感摧毁了时间表设置的界限，结果，第一天晚上你的状态不佳，第二天晚上也不佳，此后每个晚上都是如此。时间表越是系统性地被延长，任务就越完不成，内疚感就会飙升。为什么会这样？为什么扮演英雄还不够？为什么以工作名义牺牲的时间不能减轻内疚感？

实际上，这里存在一个危险的恶性循环：时间表延后，脆弱性上升，生产力便下降，接着时间表再度被延后。所以，首先，必须尊重一张有效的时间表。时间表可以由时间段组成，每个时间段安排一个活动。尊重时间表意味着对"再给我五分钟"症状产生免疫。如果时间段结束了，就像定时器响了，

所有活动必须马上停止。无论还有多少时间在番茄
工作表上，法则同样适用，那就是，**时间表总是优
先于番茄时间**。其次，一张有效的时间表总是留有
足够的时间让你恢复精力。

> 也可能发生这样的情况：十分重要的截止日期迫在眉睫，
> 你不得不加班。这样的超时可以编入你的时间表，用来暂
> 时提高你的生产力。但是，为了达到理想效果，避免陷入
> 恶性循环，你不能连续超过五天加班。给这段特殊时期设
> 置特别的时间表，留有一定的恢复期来应付之后出现的生
> 产力下降的问题。

理想的情境

我们以下面这张时间表作为例子：8：30—13：00，14：00—17：30。阿尔伯特开始了一天中的第一个番茄时间。他可以用这个番茄时间浏览一遍前一天所完成的任务和活动清单里的活动，并挑选活动放入"今日待办任务"工作表。还是在这个番茄时间里，他清点了桌子上的所有东西，做好准备。假如桌子不干净，他会清理一遍。当定时器响起，他在工作表上画上"×"，然后做一个短暂的休息。

新的番茄时间开始后，操作时刻开始了。这个番茄时间完成后，再过两个番茄时间，一组番茄时间便结束了，阿尔伯特就可以享受一个较长的休息时间。虽然不想停下手头的工作，他还是决定休息一下以便更好地应付接下来的工作。休息时间最低

是 15 分钟，阿尔伯特用了 20 分钟，之后，他开始
了新的番茄时间，等又完成了一组，他看表，这时
候已经是 12：53 了。这时候，他还有点时间，便整
理了桌子，把该存档的文本收起来，看下"今日待办
任务"工作表是否填写完整，然后去吃午餐。

到了 14：00，阿尔伯特又坐回到桌子前。他给
定时器上了发条，埋头到工作中去。他在两个番茄
时间之间没有做太多的休息。

4 个番茄时间结束后，阿尔伯特感到疲倦，但还
有几个番茄时间在等着他。于是，他决定好好休整
一下，出去散散步，尽可能调整回来。半个小时后，
阿尔伯特给定时器上了发条，25 分钟后铃声响起，
他便在工作表上画上"×"，然后稍作休息。他预
留了最后一个番茄时间，用来检查一天下来完成的
任务情况，填写"记录表"，记下可以改善的地方，
为第二天的"今日待办任务"工作表做点提示，然
后清理工作台。定时器响起后，他稍作休息，看看

时间，已经是 17：27 了。他收好文件，将任务工作纸摆放整齐，到了 17：30，他就完全自由了。

这里，对以上的情境做两点评论：

· 用来做操作性任务的番茄时间并不是和工作或者学习时间完全重合的。在 8 个小时的工作或者学习时间里，两个番茄时间是用来做组织性活动的（1 小时），12 个番茄时间（6 小时）是用来做操作性任务的。

· 时间不停是番茄工作法的次级要素。如果不出现干扰，那么这个早上或者一天就是由一连串的番茄时间组成的，而时间表就是由一组一组的番茄时间构成的。几点钟不重要，我们跟着番茄时间以及相应的休息时间走。在这个例子中，我们的时间表是这样的 [1+3]，[4]；[4]，[1+1]。

有干扰的情境

　　我们假设这个情境发生在上面场景的第二组第二个番茄时间中。

　　阿尔伯特被干扰困住却又无法处理它们。这种事情发生并不奇怪。于是第一个番茄时间作废。一段时间过后，阿尔伯特准备回到被中断的任务上，他确定了一下时间：12：20。他花了几秒钟时间重新安排了最后一节内容，这时，距离下午三点只剩下一个番茄时间要完成了。他做了一个短暂的休息后便投入到下一个番茄时间了。实际上，他多花了一点时间去找回注意力。准备好了之后，阿尔伯特上了定时器，开始了这一组的第二个番茄时间（*原第二个番茄时间已经被作废*）。到了下午，在第三组番茄时间结束之际，他觉得自己需要额外休息 3 到 5

分钟。他出去散了个步，花了 30 分钟。出门之前，他迅速调整了最后一组番茄时间，将原本两个番茄时间长度改为一个做组织性活动的番茄时间。如果时间还有剩余，他会清理自己的工作台，处理不断进来的电子邮件。散步结束时，已经 16：47 了。他上了定时器，待铃声响起，画上"×"，他便完全自由了。

优化你的时间表

一个工作日包含了几个番茄时间，怎么组织它们才能发挥最大的效果？优化工作日程表是不停观察和反馈的结果。我们的目标是尽可能强化一系列活动的概念。

对于将一整天用来学习的人，一开始的时间表是 8：30—12：30，13：30—17：30。在这张时间表中，上午涵盖了一组 4 个番茄时间和一组 3 个番茄时间，下午也有两组，分别是 4 个番茄时间和 3 个番茄时间，所以，时间表是这样的：[4]，[3]；[4]，[3]。番茄时间组决定了什么时候休息。

每组中的番茄时间还可以进一步组织。比如，你可以留着第一组的第一个番茄时间用来计划一天的活动安排，剩下的 3 个用来学习新知识，跟着第二组的 2 个也用来学习新知识，剩下的 1 个就用来查收和回复邮件，收听语音信息，或者打电话给同学。这是用来应付上午可能出现干扰的情况。第三组中的第一个番茄时间用来复习早上完成的任务。接下来的 3 个番茄时间用来继续学习。第四组的前两个番茄时间用来修改这一天和前几天的所学内容。最后一个番茄时间用来追踪和分析数据。这样，你的时间表就是这样的：[1+3]，[2+1]；[1+3]，[2+1]。

　　这么安排学习时间表的理由是人们通常在早上更有效率，而午饭后的工作时间则不那么有效。显然，这个理由很主观。那么我们为什么要参考一开始的那张时间表呢？大家工作的过程是怎样的？换句话说，完成番茄时间的情况如何，加上其他指标，我们通过收集这些信息可以发现哪组番茄时间是学习效率最高的时候，或什么时候修改或者创新最有效。了解了这些，我们就可以有意识地修改学习时间表，比如早点还是晚点开始，延长某些番茄时间组而减少其他组，学着越来越了解自己。

　　组织一张时间表的关键在于，设立时间表时要发挥主观能动性。一般情况下，我们以四个番茄时间为一组，因为这样通常是最有效的。但是，如果你可以延长或者缩短时间组，以三个或者五个番茄时间为一组，每组结束后做 15 到 30 分钟的休息，也没什么不可以。为了增加效果，时间隔一阵变化一次，改变番茄时间组的组成个数也是可行的，但还是以 4 个番茄时间为一组优先。

 经验告诉我们，季节变化，你的时间表也需要随之变化。

目标六：定义你个人的提升目标

到目前为止，这本书讨论的都是番茄工作法的基本技巧。通过简单地追踪和记录而不涉及什么运算，我们就能得到有用的报告，知道我们每项活动所花费的功夫以及在质性和量性方面的预测误差。如果我们想要得到提升，报告的目标自然要随着时间做出调整。当然，追踪和记录下每个指标没有多大用处，我们要记录的是那些能够帮助我们实现目标和提升自我的指标。

番茄工作法十分灵活。为了追踪和记录新指标，我们要修改工作纸，就像前面章节所做的那样。在做修改的时候，为了确保番茄工作法的适应性，请谨记以下几点：

按重要性排列：

1. 使用某种工具意味着增加复杂性，这缘于相对的学习曲线；与纸、铅笔、橡皮擦相比，其他工具的灵活性更小。

2. 用最低的复杂性保持追踪，包括记录一些小活动也是如此。选用简单的工具——纸、铅笔和橡皮擦，使用它们是一个有效的脑力活动。

3. 用你能够驾驭的工具才能让记录简单有效。在选电子工作表或数据库前，看能否用纸、铅笔和橡皮擦代替。使用一款特别的软件前，看电子工作表或者数据库能否办到。

4. 如果运算和可视化变得困难、复杂且重复，你要问自己，是否观察到的所有的指标都需要处理。如果情况确实如此，那么就考虑使用电子工作表、数据库或者特别的软件。一张简单的 Excel 表格可以轻松处理活动分类，按字母筛选活动、分组和进行各个活动的运算。

5. 想象力是防止情况变复杂的最有效武器。

比如，在前几章的一个例子中，有个目标是关于《如何学习音乐》这篇文章的。这项任务由一连串活动构成，且你会发现自己同时要完成几个目标。你怎么区分它们呢？

这得分情况。你可以改变任务描述的排版格式，突出目标（如图表 2-29）。另外一个方法是在"活动清单""今日待办任务"工作表和"记录表"上加上一个小方格代表"目标"，在工作表上写下目标内容，或者用单词简写、代码表示目标。要计算某个目标所花费的时间，只要将相应的活动时间累积相加就可以了。

今日待办任务		
姓名：马克·罗斯 日期：芝加哥，2018 年 7 月 12 日		
	《如何学习音乐》：写文章（最多 10 页纸）	
	《如何学习音乐》：大声朗读这篇文章，稍作修改	
	《如何学习音乐》：将这篇文章浓缩成 3 页纸	

表 2-29："今日待办任务"工作表

你可能想计算出达到目标或者完成某项活动需要花费多少时间，这时候，只需要从任务结束时往前推到你开始这项任务的日期。因为你已经知道了活动结束的日期（在"今日待办任务"工作表上），所以，在上面第一种情况下，你要做的就是找到你将这个任务摆放到"活动清单"的日期；第二种情况下，你要追踪这项任务落在"今日待办任务"工作表上的日期。在"记录表"上，你可以追踪一项活动在几天里总共花的时间。

 在任何一种情况中，提升目标优先于追踪和记录指标。这时候，指标系统会根据实际需求逐量增长，使追踪的复杂性降到最低。

Part 3

达成你的团队目标

REACHING YOUR TEAM GOALS

番茄工作法在团队中的应用

科学研究显示，人类最早在 200 万年前开始捕食动物。我很好奇人类第一次放下骄傲向同伴求助是什么样的一个情景。毕竟，大型动物一般都是凶猛无比很难被单独猎取的。

在当今社会，绝大多数的目标靠个人是很难完成的，我们需要别人的帮助才能获得成功，他们可以是我们的伴侣、家人、工作伙伴、一起工作数年的同事或者偶尔一起合作的人。一起合作让我们不断进化、获取知识，成功探索其他星球或者了解我们的基因。

　　我努力想象远古时期人类第一次合作尝试猎取一只大型动物的情景。他们应该不会一开始就成功。我能想象到他们围着猎物站成一圈，每个人都分别用上自己最大的力量去攻击猎物，但结果一团糟，合作没能成功。我能想象到猎物在解决了午餐时的冷笑。

团队成了目标的牺牲品

当我们身处团队中时，目标往往太复杂以至于难以完成。目标越复杂，任务完成过程中意外和紧急的情况就越多，拖延和干扰的破坏性就越大。

目标的复杂性越大，多人合作的需求也就越大。合作中参与的人越多，无论是团队成员、外界的咨询人士还是供应商，最后干扰和拖延出现的次数就会越多。

如果一个团队缺乏时间管理策略，最后不免陷入担惊受怕中。在时间必须得到管理时，相关策略能帮助团队有效运行。

举个例子，你要在下班前把销售报告交给你的上司。你的团队里每个人都负责相应的任务：安吉拉负责工作量巨大的数据分析，马克负责从最大的客户那里汇总反馈。你和你的团队将一切都计划好了，目标也切实可行，但事发突然，安吉拉不在办公位置上，你打电话给她，但她正在处理其他突发事情，无法抽身，而马克在联系客户的过程中也遇上了麻烦，但他瞒着你，没有和你报告，只是更努力地工作。

这份报告真的很重要，而你相信你的团队能搞定。假如时间到了，在 17：00，安吉拉和马克到你跟前，向你解释他们没能完成交代的任务的原因，这时候你会有何想法？将来你还会信任他们吗？更无奈的是，安吉拉和马克都是好心没办成事，他们只是没有有效的时间管理策略罢了。

这种情况令人挫败不已。焦虑破坏了团队气氛。愤恨的情绪一触即发，队员之间难以相互信任，都在指责对方，最后，冲突爆发。我们在围着目标兜圈子，指责和猜疑对方，最后筋疲力尽，陷入紧张、焦虑和挫败的情绪中去。

照这么发展，最后我们都成了猎物的盘中餐。

如何用番茄工作法帮助团队达成目标？

番茄工作法能够让我们在五点准时交上销售报告，并且在整个准备的过程中没有压力和摩擦，每个人都心满意足。

在团队中使用番茄工作法或其他时间管理策略有以下几个好处：

- 减少成员间的摩擦
- 减少不必要的会议
- 保护团队不受干扰
- 帮助团队按时完成既定目标和任务

在接下来的几个章节中，我们来学习如何使用番茄工作法，令团队获益匪浅。

要成功做到，我们得调整和扩大番茄工作法的工具，改善使用过程。定时器和各式各样的工作表就是工具。使用定时器和这些工作表来达成目标就是过程的内容。在这个过程中，我们做两件事情，一是"我们做什么"，二是"什么时候做"。比如，定时器响了我们做什么，干扰出现的时候我们又该做什么。这个过程中，一些法则和做法起了作用，比如"如果任务预计要花超过 5 到 7 个番茄时间，将它分解开来"这样的法则，或者"通知、协商和回复策略"这样的做法。

接着，我们要考虑如何根据团队的需求来调整番茄工作法的工具，然后我们会制定新的法则和做法来提升该工作法的效率。

行，我们出发吧。

为团队调整番茄工作法的工具

番茄工作法有以下 6 个目标：

· 确定一项任务需要花费多少工夫

· 减少干扰

· 预测各项任务所花时间

· 提高番茄时间效果

· 制定时间表

· 定义你个人的改善目标

在前面"达成个人目标"一章中，我

阐释了一个人工作时是如何达到以上目标的，但是我接触了不少团队，它们对如何提升工作效率也很感兴趣。许多人问我如何将番茄工作法运用到团队中去。在团队工作中，该工作法的工具要如何调整？

现在，作为你们团队的一分子，我很高兴能够回答你的问题。我们开始吧。

每个成员有他的番茄时间，
还是整个队伍共用一个番茄时间？

每个小队制定和管理自己的番茄时间。我们的

法则是"一个小队，一个番茄时间"。

什么是小队？

　　一个小队就是在某一时间共同参与同一项活动的人。

　　比如，一个队伍由三人组成，要完成同一个目标。在这个过程中，任何时候，只要其中两个人一起做某项活动而剩下的另一个人做另一项活动，那么这个队伍就成了两个小队（*如图 3-1*）。

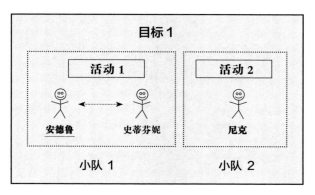

图 3-1：小队

在上图中，名字下面画线代表该人是目标的负责人，而名字标粗则代表该人执行某一具体活动且是这项活动的负责人。双箭头虚线代表两人之间的互动。

每项活动都由一个小队执行，小队的人数由一人到全队人马不等。一个人组成的小队通常是所执行任务的负责人，管理自己这一小队。

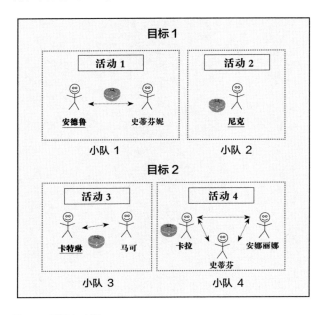

图 3-2：目标和小队

图 3-2 显示了一支 8 人队伍在一天的某个时间
点所使用的番茄时间数量。他们在攻克两个目标。
第一个目标由 3 个人在攻克，他们分成了两个小队，
一支 2 人，另一支 1 人。第二个目标由 5 个人在攻
克，他们也分成了两个小队，一支 2 人，另一支 3 人。
根据"**一个小队，一个番茄时间**"的法则，每个小
队所执行的每项任务都有自己的番茄时间。

为什么不是所有的队员都使用
相同的番茄时间？

"休息"是番茄工作法的核心要素之一。休息让我们集中精神和时间去处理已获得的信息，并鼓励我们想出方法。休息在团队工作中尤为重要。成员间有效的互动要求人们开放、倾听和专注。休息不够会导致成员压力更大，在互动过程中投入更少。

固定一个休息时间是不可能的，不论是每个番茄时间还是每组番茄时间之间。有些小队完成一个番茄时间后，只需休息 2 分钟就可以开始下一个番茄时间，然而，另外一个小队需要 5 分钟的休息。

每个小队自行决定休息多久。每个小队有自己的节奏，执行不同类型的任务，拥有不同的人，每个人互动的方式各不一样。只有小队的成员知道自己需要休息多久后才能开始下一个番茄时间。

整个队伍用同一个定时器，而每个小队或每个人在同一时间开始和结束，像流水线一样，这样的"同步番茄工作法"让个人没法有足够的休息时间，没法和其他队员有效地互动。任何让成员保持固定工作节奏的尝试都将迫使他们忽视自己的个人需求。

 反对"同步番茄工作法"的另一个原因是我们需要有效应对干扰。如果第三小队被一个紧急电话干扰，没能好好休息，那么叫其他小队停下来并作废整个队伍的番茄时间显然是不合理的。

怎么安排一个
每人都需要参加的会议？

　　团队时间表标明了需要全队参与的活动：开会或一起休息。

　　每个小队自行决定番茄时间的起止和休息时长，然而，不管每个小队的番茄时间还剩多少分钟，该条法则都要遵守，**即时间表总是优先于番茄时间表。**

　　如果出现需要全部人参加的会议或者休息活动，我们可以将这类活动放入团队时间表：

· 每天早上 11：30 到 11：45：二楼厨房，团队休息

· 每周五从下午 3 点到 5 点：401 房间开全体会议

 谁来负责起草和更新团队时间表？其实，每个队员都有份。

谁来设置定时器?
谁来做预测?
谁来记录番茄时间?

小分队的负责人处理以下活动和决定:

· 设置定时器——用行动开始番茄时间

· 决定番茄时间表的结构——如何使用番茄时间
的第一个和最后一个 5 分钟

· 每个番茄时间结束后在"今日待办任务"工作
表上画上"×"

· 在干扰出现的时候决定如何处理它们

· 决定休息时长,记住每个小队成员的需求

· 记录一天下来所负责的小队完成的番茄时间

以上行动和决定增强了完成任务的责任感。

我们要调整番茄工作法的工作表吗?

　　我们一张张来看,看怎么样在团队工作中将各类番茄工作表进行调整。

调整"今日待办任务"工作表

　　如果你负责一个小队,"今日待办任务"工作表唯一需要修改的地方就是在工作表上添加你的队员的名字。

今日待办任务		
姓名:马可 日期:洛杉矶,2018 年 9 月 20 号		the **Pomodoro** TECHNIQUE
	为销售报告收集数据	M:×
	检查为销售报告准备的数据	MS:××
	准备销售报告	MAK:×

表 3-1: "今日待办任务" 工作表

表 3-1 是马可的"今日待办任务"工作表，他正
在处理将要递交的月销售报告，这也是本周的工作目
标。从记录上看，马可在第一个番茄时间内完成了"为
销售报告收集数据"的任务，又和史蒂芬花了 2 个番
茄时间一起完成了"检查为销售报告准备的数据"的
任务。后来，他和安娜丽娜以及卡特琳在一个番茄时
间内完成了"准备销售报告"这一任务。

调整"记录表"

在团队工作中，"记录表"清楚地显示了预测的
时数以及真正消耗的时间。

记录表							
日期	时间	类型	活动	预测	实际	误差一	误差二
9/20/2018	10：00	写作	准备销售报告	2P 3p	5P 3p	3P 3p	

表 3-2：记录表（"P"代表番茄时间个数，"p"代表人数）

表 3-2 的记录表给我们展示了两件事。马可估计三个人的小队完成"准备销售报告"只需花上两个番茄时间（2P 3*p*），但实际上这个小队最后用了 5 个番茄时间才完成这项活动。

其实，这里只需要一张记录表，每个成员分享同一张表。一天结束后，每个小队负责人将活动所花时间填入表中即可。

调整"活动清单"

"活动清单"应根据团队活动做以下简单的修改：

· 添加一栏活动负责人

· 在预测栏中写清楚，一个小队几个人，需花多少时间完成某项任务

预测由活动负责人来做。

活动清单			
备注	任务	预测	负责人
	……		
	准备 PPT 介绍新产品	4P 2p	卡特琳

表 3-3：活动清单

如表 3-3 所示，卡特琳负责"准备 PPT 介绍新产品"这项任务，并预测它需要两个人用 4 个番茄时间来完成。

简单的练习让你的团队开始运作

在上一节中，我们学习了如何将番茄工作法的工具——定时器和各种工作表，运用到团队工作中。在团队工作中，我们需要新法则和做法来调整番茄工作法的运用过程。

如果你问我有什么好的建议，我会给出以下两个简单且容易上手的做法。

番茄时间轮班

这个做法可以追溯到 20 世纪 90 年代末期番茄工作法第一次运用到团队工作中的时候。这种做法就是，小队中的其中一个成员按固定间隔时间（**一个、两个或者四个番茄时间**）与其他小队互换位置。唯有小队负责人不能换。就这样，一个接一个，小队中的每个人最后都和其他小队的成员互换了位置。

我知道，有人会抗拒这种做法，不想从他们已经熟悉的小队换走。"这不是干扰工作吗？怎么合作才能保证小队间的顺利交换？这样一来我们不就要花更长时间来完成任务？这样会不会干扰工作的顺利进行？"虽然听起来有悖常理，但轮换小队成员能系统性地帮助你更有效地完成任务。每个新进小队的人都能带来新的点子和不同的解决方法。

成为常规后，这种做法有以下几点好处：

· 分享知识

· 分享和提高团队的技能

· 增加团队成员的互动和交流

· 使团队掌握目标完成的最新动态，避免不必要的会议

一点常识可以帮助团队成员顺利在各小队间轮换，就算每隔一个番茄时间也无妨。小队 3 的定时器响了，小队 3 的负责人卡特琳想让小队 4 的史蒂芬和自己队的马可调换一下。但是小队 4 正进行到一个番茄时间的一半，而小队 1 则距离定时器响起只剩下 2 分钟。卡特琳可以选择等待，等 2 分钟后，改选小队 1 的史蒂芬妮。我们没有必要为了轮换而

统一工作步伐。沟通和适应能力能够将轮换的障碍变为分享知识和提高技能的机会。

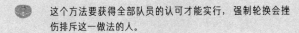 这个方法要获得全部队员的认可才能实行，强制轮换会挫伤排斥这一做法的人。

将番茄时间拍下来

在我的团队中，我用这种做法用了多年。当定时器响起，我们就拍张照片。是的，没错，拍照。照片记录下那个番茄时间我们都做了什么。每过一个番茄时间就拍一张照片。通常，我们拍的都是上个番茄时间里没法解决的问题。当然，我们也会拍下我们完成的任务。

一天结束后，每个小队都有一条时间线，搭配一组照片，记录每个番茄时间。这不仅能简化和减少记录时间，还能让我们在短短几分钟内重构过去数周的工作。这就是可视化对我们的莫大帮助。

为什么团队需要更高阶的方法

在 20 世纪 90 年代，我以教练的身份开始使用番茄工作法来指导团队工作。这一切都出于偶然。我指导的团队由大约 10 位软件开发员组成，他们来自米兰的一家银行。那时候，我只是个公司顾问，帮助公司团队加快他们的软件开发过程。我的任务就是让团队成员能够自己找到问题的解决方法。为了做到这点，我给队员们分发了一堆资料用来学习。然而，问题很快就出现了。什么时候学？怎么有效学习？怎么才能消除害怕和恐惧？

　　我对这些问题了如指掌，于是在一次休息期间，我无意间提起了我的解决之道，就是用一个定时器、"今日待办任务"工作表、"活动清单""记录表"来解决。之后我又解答了一些问题，然后就回到工作中去了。紧接着下一个月，他们问我了一个问题，我答不上来，这个问题就是"如何将番茄时间运用到团队中去？"

　　这个问题背后隐藏着各种各样的焦虑和恐惧。这支队伍总是无法如期递交软件功能。他们平均比预计的要晚 400%，即预计一个月完成的任务实际上花了五个月时间。所以，毫不意外，经理丧失了对他们的信任。团队面临着巨大的压力，更因此错误频发，用软件行业里的术语就是"故障（bug）"很多。大部分情况下，经理会大驾光临，在团队的公共区域命令所有人立刻停下手头工作，修补内测人员或银行顾客发现的一个漏洞。听到命令后，全队立即放下所有工作，集中精力处理漏洞。加班甚至是周末加班就成了家常便饭。忙着修补漏洞就意味着没有人去做本周要完成的任务，自然导致新的延后、错误的预测、新的挫败感和更多的压力。

米兰的这段经历成就了您手头的这本书。这支团队在各种会议和网络日志上分享他们的成功。正是他们开启了番茄工作法的传播，到现在，番茄工作法已经在全世界范围内帮助了成千上万支团队，如今遇到了你。

尽管米兰那支团队的经历有点极端，但是团队工作常常无法如期完成、出现预测错误、面临巨大的压力、失去管理层或客户的信任……有时候，任务太复杂，单靠小队是完成不了的，而同事和客户的干扰更是令情况雪上加霜。有时，小队碰上瓶颈而无法完成任务，比如他们不得不等着另一个小队的工作结束才能继续下一个项目。一切都有可能发生。这样令人沮丧且充满压力的环境使人情绪低落、生产力降低、团队工作停滞不前。

番茄工作法是怎么帮助一个团队
处理复杂情况、干扰和瓶颈的？

　　面对前面出现的令人沮丧的问题，在接下来的章节中，我会展示如何用番茄工作法中最有效的做法来帮助团队解决和避免它们。作为一个教练，我和米兰的团队一起共事的经历推动我去收集、升级和开发能够运用到其他团队的工作方法。在过去20多年中，我开发和测试了不少工作方法，并将它们运用到规模大小不一、技能各式各样和经验深浅不同的团队中去。在我看来，每种方法都和某一个团队相匹配，能帮助他们解决焦虑和恐惧，获得成功。我希望你和我一样发现这些方法的有用之处。

柜台工作法

在柏林，我的英雄是一群在手提电脑休息室工作的伙计们。他们的工作是维修电脑。这家店出人意料地小。你走进店里就能看到左手边摆着万分舒适的沙发的休息室，而在你前面则是一张柜台。柜台之后有一个小队，专门为你解决你电脑出现的各种问题，在他们的身后挂着黑色帘子，你看不清帘子后面有什么，但其实，那里是他们拯救你电脑的大本营。

对于团队来说，干扰是最普遍且成本

最高的问题之一。抽空应付一个干扰就足以令整个
队伍的工作停滞不前。柜台法说明的就是番茄工作
法和一张时间表足够帮助团队应付干扰。这个做法
最棒的一点是能将干扰转化为共享知识和更加高效
工作的机会。走入这家店的那天我就意识到，他们
的做法和我在过去的做法有不少相似之处。接下来
就为大家一一道来。

问 题

在团队一心朝目标前进的时候，来自四面八方
的请求几乎把他们压倒。这些请求来自于同事、客
户、咨询顾问、经理和供应商。所有人都想立即得
到答复。团队成员一而再再而三地放下手头工作，
应付干扰，这极大地影响了整个团队的生产效率。

解决方案

柜台工作法令团队免受外部干扰并实现团队内部的知识共享。

该方法到底怎么操作呢？假如我们正在指导一个 8 人团队，可以教他们用下列方法组织自己：

· 造一个实体屏障或者柜台，隔绝外界进入小团队的工作区域。这支队伍不能够被寻求帮助的人看到。我从来没有用过真正的幕布，但是效果是一样的。为了强调这个效果，从现在开始，我将这支队伍称为"幕后小队"。

· 打造"柜台团队"：一支或者超过一支的小队，主要负责应付前来寻求支援的人和他们的请求。根据我的经验，在一个 8 人的团队中，小分队

最理想的规模就是两人一组。在图 3-3 中，卡
特琳和马可组成一支小队，在前台工作。

虽然回应顾客的需求常被看作一个人可完成的
事情，但是为了更好地了解需求的内容、避免错误，
我建议柜台小队以两人为一组。

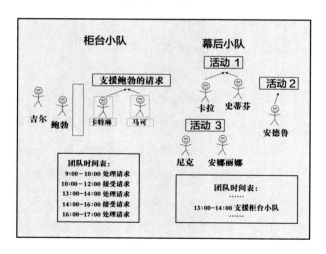

图 3-3 : 柜台小队的操作

- 制定时间表，明确告知人们几点可以到柜台处寻求帮助并得到守在柜台处的团队的回应。如图 36 所示，需要支援的人们可在 10：00—12：00 以及 14：00—16：00 向守在柜台处的卡特琳和马可做出请求。在 9：00—10：00、13：00—14：00 以及 16：00—17：00 这三个时间段，柜台不开放，而卡特琳和马可则一起收集资料，处理收到的请求。

- 在时间表上清楚标明，幕后小队在什么时间向柜台的小队提供支持。在图 3-3 中，"工作中"的队伍包括卡拉、史蒂芬、尼克、安娜丽娜和安德鲁，他们在固定时间向柜台工作的马可和卡特琳提供支持，帮助柜台处理其无法解决的问题。

> 在两支队伍的时间安排上，幕后小队应该专门腾出时间，请柜台小队帮忙解释他们所收到的请求。在图 36 中，这样的合作可安排在 13∶00—14∶00。

· 安排好番茄时间轮换次数。一般，任务负责人
  不动，幕后小队的其他成员和柜台小队的成员
  依次轮换。两队轮换的频率通常为每四个或八
  个番茄时间一次，或一天一次。队员的可互换
  性越高，他们在番茄时间轮换的经历就越多，
  整体轮换的频率就越高。

当人们来到柜台寻求帮助，可能发生以下三种
情况：

1. 柜台的工作人员知道如何处理来者的请求，
并能够立刻解决问题。在图 3-3 中，这样的情况发
生在 10∶00—12∶00 和 14∶00—16∶00。

2. 柜台的工作人员知道如何处理来者的请求，

但是需要一点时间解决问题。这种情况下，柜台小队可将问题记下，估算解决该问题所需花费的时间和工夫，告诉来者他将收到答复的时间。在图 3-3 中，这种情况通常发生在 9：00—10：00，13：00—14：00，以及 16：00—17：00。

3. 柜台工作人员无法估算解决问题的时间，或者不知道如何解决该问题。这种情况下，柜台小队将问题记下，交给幕后小队，他们会根据时间表依次处理一系列的求助。在图 3-3 中，这种情况发生在 13：00—14：00。

 这个做法可能会遭到误解。我经常看到公司请新人单独坐镇柜台。这个决定似乎合情合理，因为，这样一来，团队都做"幕后"工作，朝着目标不断前进。然而，缺点就是，团队远离柜台，错失了提升产品或程序的机会。因此，我建议至少要有一个"幕后"成员守在柜台。

利弊分析

柜台工作法有以下几个好处：

· 双赢局面。你可以同时让客户和同事满意，与
  此同时，团队其他成员朝着既定目标前进，免
  受干扰的影响。
· 共享知识。解决问题和回应求助能够让你更快
  更好地了解系统或者产品。
· 发现程序或者产品上的瑕疵。不停地了解同事
  或客户的请求是提升团队的好机会。

柜台工作法唯一的缺点就是幕后小队成员可能
要花更长的时间才能完成任务，这是因为幕后成员
要依次和柜台成员轮换。

根据过去的经验，幕后小队总是能用更少的时间达成目标。虽然成员离开团队时会影响团队实力，但是，干扰减少，时间省下来，损失就能被弥补回来。换句话说，六个人的团队在不受干扰的环境下完成目标所花的时间比八个人的团队在频受干扰的环境中完成任务所花的时间更少。

番茄黑客松工作法

不管你多大，只要你热衷挑战，我建议你参加一次黑客松。"黑客松"一词产生于 20 世纪 90 年代，是"黑客"和"马拉松"的结合体，十分引人遐想。但是，黑客松的"黑客"并非指非法侵入电脑系统数据库的行为，而是指通过坚持不懈的努力最终找到问题的解决方法的过程。最后你想出的解决方法从设计角度来说可以不惊艳，但必须有效。黑客松可持续数小时或数天，一般在周末举行。通常，黑客松都有一个挑战，比如设计具有开创性的电子游戏、突破技术极限提高职场健康和安全，或是找到新点子帮助一个城市提高流动性。你可以单枪匹马也可以组队参加（*组队参加似乎更有趣*）。最好的解决方法一般都能获得奖品。我不清楚有没有人在黑客松过程中使用番茄工作法，但是我用"黑客松"来命名番茄工作法的其中一种灵活运用方法。

问　题

　　一个小队负责解决一个任务，这个任务可能需要大量的研究或者充满复杂和不确定性，如果不及时完成，它就可能变成瓶颈，阻碍整个团队的进度。

解决方案

对于不寻常、复杂或者风险较高的任务来说，番茄黑客松工作法能够让团队在最短的时间内得到几个解决方法，供他们思考和选择。

假设你是一场番茄黑客松的组织者，我们一起来看看怎么使用这个方法吧。举行一次黑客松需要以下几个步骤：

1. 邀请全队或者一部分队员参加番茄黑客松。准备一个大房间，它能给活动营造最好的氛围。

2. 选出一个裁判。有些小队难以完成关键任务，裁判便由该队担任。当然，该小队的成员也可以参加番茄黑客松。在其他时候，裁判不是团队的人，他们可以是顾客、用户或者经理们。有时候，裁判甚至可以由整个队来充当。

3. 设置时间箱，代表番茄时间数量。4 个番茄时间是我的选择，因为在我的经验里 4 个番茄时间足够我们想出有用的解决方法。番茄黑客松的时长根据具体情况而定，看所要解决的问题的复杂性和紧急性，但时长最少要一个番茄时间。在你设置时间箱时，你必须清楚说明给出解决方法的截止时间是多少个番茄时间之后。如果你定下截止时间为 4 个番茄时间结束时，那么 4 个番茄时间后，黑客松便结束了。

4. 让黑客松的参与者自行组织小队，挑选小伙伴一起负责某个任务。小队的人数根据挑战的类型和复杂程度而定。两人组一个小队是我最推崇的模式，因为这种组合小巧且有效。队员的互通性是另外一个决定因素。比如，如果黑客松的主题是"为我们的博客设计新版面"，而你想要团队高度专业化，那么你可能需要一名商业分析师、一名平面设计师和一名广告文案。如果专业化不是你们团队追求的，那么你有更多的组队的选择和自由。

我通常鼓励队员自行组队，也喜欢"创造"不寻常的小队，那就是一般工作中没什么交集的人组成一个队伍。我知道，和一起工作惯了的人组成小队令人安心，但是打破这种习惯也许会带来意想不到的结果。

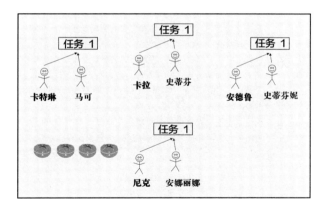

图 3-4 : 番茄黑客松——4 个番茄时间，四支小队，一个任务

5. 给参加黑客松的所有小队相同的任务，他们

在相同的时间内攻克同一个难题，给出解决方法。

6. 给参与黑客松的小队上定时器。在每个番茄
时间内，你在以下时间点时做出时间提示：第一个 5
分钟过去的时候，半个番茄时间结束的时候，以及
只剩 5 分钟的时候。

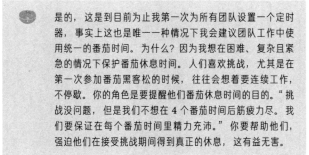

是的，这是到目前为止我第一次为所有团队设置一个定时
器，事实上这也是唯一一种情况下我会建议团队工作中使
用统一的番茄时间。为什么？因为我想在困难、复杂且紧
急的情况下保护番茄休息时间。人们喜欢挑战，尤其是在
第一次参加番茄黑客松的时候，往往会想着要连续工作，
不停歇。你的角色是要提醒他们番茄休息时间的目的。"挑
战没问题，但是我们不想在 4 个番茄时间后筋疲力尽。我
们要保证在每个番茄时间里精力充沛。"你要帮助他们，
强迫他们在接受挑战期间得到真正的休息，这有益无害。

7. 宣布胜利者。在规定的黑客松时间结束时，
裁判评估每个小队的解决方案，挑出最好的那个。
我通常也给裁判设置番茄时间，让他们评选出最终
胜出的解决方案。我最喜欢的做法是请全体参与者

充当裁判。这时候，在第一个番茄时间里，每个小队迅速展示出它们的成果，接着在第二个番茄时间里，每个人评估和投票，选出最佳解决方案。为什么我喜欢这个方法？首先，因为黑客松的所有参加者可以了解胜出的方案的具体情况；再者，在这个过程中，常常有新点子出现，完善现有的方案。

当然，黑客松的结果不一定是成功的。如果在番茄黑客松规定的时间内没有找到有效的解决方法该如何？这种情况的确有可能发生。很简单，再组织一轮，但是，要给参加的队伍更多的休息时间。

在第一轮黑客松过程中，我不建议小队间轮换队员。但是，在后面几轮的黑客松中，轮换队员不失为一个好方法。在我的经验中，往往是看起来最不匹配的组合最后给出了最有创意的方案。

利弊分析

组织一场黑客松的好处就在于团队能够迅速给出关键任务的解决方案。当你的团队在任务中卡住了，急需有创意的方案来解决复杂的问题，有几种方案可供选择和对比显得尤为难得。

不利的一面就在于，所有的小队都参与到黑客松中，无人继续处理现有的任务。

破城槌工作法

公元前 8 世纪，色萨利人发明了破城槌。我在古罗马建筑家和作家维特鲁威的《建筑十书》中曾仔细阅读过对这具最简单不过的战争机器的描述。破城槌虽然简单却破坏力十足。一根木桩，用形似公羊头的铜器包住一端，便组合成了破城槌。在古罗马时期，几乎没有防御工事能抵御得了它。如果你碰到了《建筑十书》，千万别错过它。

如今，"高墙"就是看起来攻克不了的

难题，它阻挡在我们实现目标的路上。破城槌就是我们创造和运用各种各样的解决方案的能力。每一个尝试解决问题的想法就像是对城墙的每一次撞击。每当你感觉在城墙面前受阻，和另一个人的观点碰撞会产生更多机会让你想出新点子。和他人观点碰撞的次数越多，阻碍你前进的城墙就越受不住你们的撞击，目标终能达成。

问　题

　　我们想象一下，一个团队由四支小队组成，每支小队各两人，负责不同的任务。每支小队的其中一人为活动的负责人（如图3-5）。

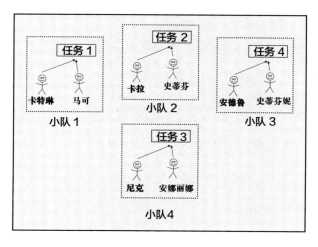

图3-5：团队

任务 1 比预测的要复杂，负责该任务的小队努力要突破难关却束手无策，然而该任务的完成情况对于整个团队的最终目标至关重要，如果完不成，它最终将成为其他小队的瓶颈（如图 3-6）。

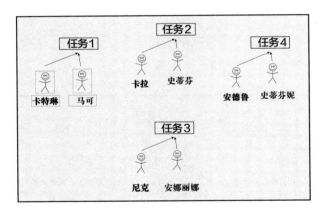

图 3-6：小队 1 无法完成任务

其他小队也正努力处理手头上的任务，以期完成团队的最终目标，所以他们的工作不能被打断。

　　小队 1 在尝试几次后仍然没有结果，任务依然无法顺利进行，这时候，找到一个方法，集思广益，用团队的智慧想出解决方法就显得十分必要。

解决方案

破城槌能够让团队运用全体人员的经验完成某项任务，同时还能保证一切顺利进行。这种方法对任务按时完成特别有效，避免了给其他小队制造瓶颈。

我们来看看破城槌这个方法是如何帮助小队 1 完成任务的。

1. 首先，小队 1（陷入困境的小队）的负责人向其他小队请求支援，并简单地说明问题。

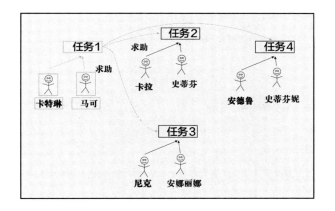

图 3-7：求援

2. 对于其他小队来说，这属于外部干扰（如图 40）。由于形势所迫，其他小队的负责人同意自己的队员和小队 1 进行人员调转。在下一个番茄时间到来时，小队 3 的人去替换之前小队 2 的人，而小队 4 在两个番茄时间后去替换小队 3 的人。

3. 根据问题的复杂程度以及每个小队的时间安排，小队 1 的负责人卡特琳迅速做出一张轮换表（如

图 3-8），记下前来轮换的队员名字，这些队员都将
是之后她的小组成员。

破城槌的操作方法：3个步骤，3个番茄时间行动计划

第一个番茄时间：将小队1的马可和小队2的史蒂芬调换位置。

第二个番茄时间：将小队1的史蒂芬和小队4的安娜丽娜调换
位置。

第三个番茄时间：将小队1的安娜丽娜和小队3的史蒂芬妮调
换位置。

图 3-8：轮换表

　　4. 之后，轮换表交到其他小队手上，所有小队
都维持2个成员的状态，只是其中一个人会在小队1
中进出一次。在每个番茄时间，小组合作成员都有
不同。在每个番茄时间，破城槌越撞越猛，直到将
难题击溃。

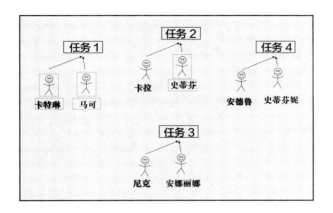

图 3-9：第一个番茄时间

5. 在新的第一个番茄时间（如图 3-9），小队 1 的负责人继续攻克难题，和新的队员合作，一直到这个番茄时间结束。在番茄时间的开头 5 分钟，小队 1 的卡特琳向新来的合作伙伴解释问题所在。在番茄时间的最后 5 分钟里，卡特琳向新成员询问反馈。

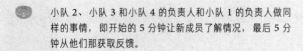

小队 2、小队 3 和小队 4 的负责人和小队 1 的负责人做同样的事情，即开始的 5 分钟让新成员了解情况，最后 5 分钟从他们那获取反馈。

如果第一个番茄工作时间结束后问题仍然没有得到解决，该任务的负责人不变，和轮换表上的下一个轮接者继续工作。小队 1 的负责人卡特琳不动，安娜丽娜代替史蒂芬，和卡特琳一起工作。史蒂芬加入小队 4 和尼克一起工作。简单说来，就是各任务负责人位置不动，其他人轮流到小队 1 负责人的身边。

> 即使小队超过两个成员，最好也不要一次换走两个人。

在例子中，卡特琳制作了一张轮换表，包含了三个番茄时间。但是如果在限定的时间内没有得到解决方案，怎么办？如有必要，任务负责人可再来一轮破城槌。

最理想的情况是这样的，求援和干扰都能得到有效的处理，活动的负责人能够在问题出现后向其他小队解释明白，并在他们的帮助下迅速排出轮换顺序，这样，各小队手头原有的工作并不会被打断。

但是，如果小队 1 对其他小队发出请求的这项干扰没有得到管理，小队 1 负责人的轮换表也没能在 30 秒内制作好，那么所有任务负责人都要将各自的番茄时间作废。

 30 秒很短，大家似乎无法在这么短时间内将问题解释清楚并做出轮换表，但是熟练之后，这是可以做到的。这里有一条简单的指导原则可加速这一过程，那就是，求援者在确定他能用一句话将问题解释明白后，再做出请求。收到求助后，其他小队立即停下手上的工作，聚焦在问题上。如果有小队的成员觉得自己可以解决这个问题，就可在下一个番茄时间到来之际自愿前去。

利弊分析

破城槌方法有以下优点：

1. 一支小队（图 40 中的小队 1）碰到的问题成了团队整体的攻克目标，碰到问题的小队的负责人可借助其他队员的技巧和经验。

2. 其他小队（图 40 中的小队 2、小队 3 和小队 4）可继续他们手上的任务。

3. 这些小队的负责人也可从轮换来的新成员中学习新知识。

破城槌的不利之处在于，每个小队的成员组合会不停地受到干扰。

PART 4

结 果

RESULTS

观察

番茄工作法已经被成功地应用在各种各样的活动中，包括工作、学习、著书、起草技术报告、准备演讲以及管理项目、会议、活动和培训课程等。

在使用过番茄工作法后，许多人和团队根据过往的经验给出了以下心得。

学习时间

上手番茄工作法几乎费不了什么工夫，但是掌握它却需要持续 7 到 20 天的使用时间。如果成组或者成队使用它，连续性能更好地得以保障。

经验表明，成组或者成队使用番茄工作法能令大家在更短时间内掌握它，结果也更连贯。在这种情况下，每队队员都有自己的番茄时间。

番茄时间的长度

一个番茄时间的长度由两个因素决定，它们必须互相平衡，以达到效果最大化。

· 番茄时间是工作的最小测量工具。换句话说，番茄时间是衡量持续付出的努力的单位，如此，这些单位可与其他单位做比较。问题在于，在付出的努力方面，时间并非平等的。每个月并非平等的，比如在中国，如果赶上春节，2月的工作天数最少，在地中海则是8月份。同样，因为我们每周投入的努力不一样，每个月的每个星期也不都是平等的。当然，每个星期中的每一天也不平等，因为在有些天我们工作8个小时，有些天只工作5个小时（尤其是在需要

到别的地方工作的时候），而有时候则要工作
10 到 12 个小时（虽然每个人都希望加班越少越
好）。就连每一天的每个小时也是不完全平等的，
每个小时的生产力不一样，而这大多数都是由
干扰造成的。作为单位测量工具，10 分钟一个
间隔可以防止干扰，但是 10 分钟太短，我们完
成不了什么事情，追踪起来也太麻烦。因此，
30 分钟最为理想。

· 番茄时间令人意识清楚、注意力集中以及思绪
清晰。经验告诉我们，以 20 到 45 分钟为一间隔，
紧跟着一个短暂的休息，人的注意力就会最集
中，脑力活动的效果也最大。

考虑到以上两个因素，我们认为，最理想的番
茄时间为 20 到 35 分钟，最多不超过 40 分钟。经验
表明，30 分钟效果最佳。

在试验阶段，参加任务的每个小组都可设定自

己的番茄时间长度，条件是，他们的选择必须建立在观察并确定所设时间长度行之有效的基础上。一般来说，小组一开始都会将番茄工作长度设为数小时（25 分钟刚开始似乎太短了），但后来，他们一定会将时间长度缩短为两小时，接着是 45 分钟，然后成了 10 分钟，最后定为 30 分钟。

变化你的休息时长

　　休息多长时间取决于你的疲惫程度。一组番茄时间结束后，休息时间一般为 15 到 30 分钟。比如，如果你一整天都保持着紧张的节奏，那么在最后一组番茄时间开始之前，你的休息时间当然可以变为 25 分钟。如果你不得不解决一个非常复杂的问题，那么在各组番茄时间之间你需要 25 分钟的休息。如果你感觉特别累，那么延长休息时间就没什么不可以，甚至可以说是有益的。但是如果休息时间连续几次都超过了 30 分钟，就会打乱番茄时间组的节奏，更重要的是，这种状况其实是在提醒你：你需要休息和自由时间。

　　如果因为压力而缩短休息时间，你就犯了一个严重的错误。你的大脑需要时间去整合已吸纳的信息并准备接受新信息，以便在下一个番茄时间里解

决问题。由于匆忙而缩短休息时间可能会导致思路
不通。

> 对于番茄工作法初级使用者来说，应该在一组番茄时间即
> 将结束时用定时器设置 25 分钟的休息时间。这样做的目
> 的不是硬性规定必须休息满 25 分钟，而是确保你的休息
> 不会超过 30 分钟。这么做仅限于刚使用工作法的时候，
> 因为到后来，你会清楚地区分自己疲惫的程度，知道什么
> 时候要休息多长时间、什么时候该继续工作。

　　每个番茄时间的休息时间也是如此，不宜超过 3
到 5 分钟。如果你特别累，停下来休息个 10 分钟没
问题，但是，如果每次休息时间都在 5 到 10 分钟之
间，工作节奏就会被破坏。不如结束手上这一组工
作时间后再休息个 15 到 30 分钟。管理精力的最好
的方法就是战略性地工作，先延长番茄时间组之间
的休息时长，再延长每个番茄时间之间的休息时长。

　　管理休息时长最恰当的比喻便是长跑。在马拉
松的一开始，选手知道他们有体力能跑得更快，但
是也知道自己的极限和前方的挑战。他们管理着自
己的体力，在终点线取得最佳成绩。

看待时间的新视角

运用番茄工作法的第一个好处便是注意力更集中，这在一开始的几天尤为突出，它来自于看待时间的不同视角。

对时间流逝的新视角大概能引发以下感觉：

1. 第一个番茄时间似乎过得比较慢。

2. 连续几天使用番茄工作法后，使用者说在 25 分钟里，他们能感觉到时间刚好过了一半的时刻。

3. 持续使用番茄工作法一个星期后，使用者说他们能感受到一个番茄时间只剩 5 分钟的时刻。事实上，许多人报告说，在最后几分钟，他们会有疲倦感。

用一种不同的方法去感受时间，这种能力可以通过一系列的练习得以提高。在练习的过程中，番茄工作法使用者提高了对时间流逝的意识。这种对于时间流逝的觉察能帮助使用者在工作中提升专注力。

番茄定时器的声音

作为工具的定时器一般发出两种声音——嘀嗒
声和响铃声（25分钟结束后）。这些声音从两种不同
的视角来看有许多地方值得思考。这两种视角分别
来自番茄工作法的使用者，以及与使用者在同一办
公地点的其他人。

番茄工作法使用者

刚开始使用番茄工作法的时候，嘀嗒声和响铃声可能让人觉得很烦。当然，有好几种方法能让这些声音柔和一点，但是慢慢地，甚至只需要几天的时间，以下两种情况就会发生：

· 嘀嗒声成了镇静人心的声音。"它在嘀嗒，我在工作，一切都很好。"
· 过了一会儿后，使用者甚至听不见响铃，因为他们高度专注于自己的工作。事实上，听不见响铃声有时候反而成了一个问题。

显然，对声音的感觉的变化意味着看待时间的角度的深刻变化。

忍受番茄定时器的人

现在，我们想想那些不得不"忍受"番茄定时器的人。这个情况可能发生在公共场合，比如大学自修室或者开放空间的工作场合。

为了尊重非番茄工作法使用者，我们可以试试这些方法：根据效果，首选能够倒数 25 分钟后发亮或者轻轻"哔"一声的手表，其次是能震动或发亮的手机，最后是有静音效果的厨房定时器。

如果是整个团队在使用番茄工作法，嘀嗒声和响铃声就不算是吵人的。

定时器的形状

显然，你选的厨房定时器不一定非得是番茄形状的。苹果、梨、橘子、吐司、厨具、球甚至 UFO 形状的都可以，市场上定时器种类繁多，任君挑选。选择你心仪的定时器令番茄工作法体验更愉快。

响铃的焦虑

在学习使用番茄工作法的过程中，一开始你可能会有些焦虑，觉得自己被定时器控制了。经验显示，这种感觉主要在以下两种情况下出现：

- 不习惯自律的人
- 对完成目标非常看重的人

以上两种情况中，我们很难集中精力完成番茄工作法的首要目标——每个人通过自我观察，改善工作或者学习的进程。

对于没有自律习惯的人来说，响铃焦虑通常是因为他们害怕定时器成为监视工作进程的外在工具。

在这里，我们要强调一点，番茄工作法的目的不是要对你施加任何外部分析或控制。番茄工作法里没有视察员，不会监控员工的工作时间和方法，因此，我们不应该误解它是一种外部控制。相反，它是用来满足自我提升的需求的，我们必须心甘情愿地使用它它才有效。

响铃焦虑在以结果为导向的人身上更普遍。如果每个嘀嗒声都似催促声，而每一声似乎又在重复这样的问题"我够快吗？"那么我们便患上了"流变（becoming）"症。该症状在当今十分普遍。在这背后是人们的恐惧，他们恐惧无法向自己和他人展现出十足的功力。番茄工作法对他们来说成了比较的形式，和别人比或和自己比，以至于每声嘀嗒似乎都证明了他们的无能。在这样时光流逝的压力下，他们会寻求捷径，但这并不能让他们走得更快，因为捷径必将导致缺陷和干扰，使恐惧扩大，最后造成恶性循环。要怎么样才能让嘀嗒声化作镇定人心的妙音呢？方法在下一个嘀嗒声中。然而只要大

家还是一门心思想着飞速流逝的时间，那你将一无
所获。

要从番茄工作法那学到的第一件事就是，"看起
来快"不重要，"达到真正的快"才重要。要领会它，
就要学习测量自己，观察自己的速度，认识到持续
的价值。这也就是为什么番茄工作法的第一个目标
仅仅是把完成的番茄时间记录下来。

如果起草一份两页简单的报告要花 4 个番茄时
间，期望能在 2 个番茄时间内完成报告就不是重要
的，向别人展示你能在 2 个番茄时间内完成任务也
不是重要的。重要的是，如何能将 4 个番茄时间减
为 2 个。

我们的首要挑战是如何根据每 30 分钟的工作表
现分析出自己的工作模式，而不是对工作结果抱有
期待。单纯地工作、跟踪、观察，然后根据需要做
出调整和自我提升。一旦想明白了这一点，嘀嗒声
就会化作另一种声音。因为，要快，你就得专注。

下一步就是做预测，你甚至可以挑战自己，预测某项任务完成所需花费的时间，并在这段时间内成功完成它。这是番茄工作法的其中一条游戏规则，但是不要走捷径。当我们越来越接近预测时间，画下每一个代表完成的 ×，我们就会面临越来越大的压力。这时候，你要勇敢、坚持住、保持冷静、继续专注，以获得成功。培养"持续"的价值观有助于提高生产力和创造力。最终，定时器的每一个嘀嗒声传入耳朵时，都将变成提醒你保持专注力和持续下去的最强音。

> 一开始，一天中只要不受任何干扰地完成一个番茄时间，就十分理想了，因为仅这一个番茄时间，也能令你有机会观察自己在这 25 分钟内的整个学习、工作过程。第二天，你要做的就是集中精力不受干扰地完成一个番茄时间，或者两个以上。在这种工作法之下，你一天完成多少个番茄时间并不重要，重要的是你是如何连续地完成了更多的番茄时间。如果在一段时间不用该工作法后（比如去度假），重新使用的时候也要采用这样的增量方法。这种情况下，一天连续完成 10 到 12 个番茄时间需要耐心和一点训练。

持续不断的内生干扰

　　如果你把内生干扰当作刻不容缓的事情，那么一天下来你连一个番茄时间都完不成。如果你是这种情况，我建议你设置 25 分钟的番茄时间，强迫自己一个接一个地完成番茄时间，逐渐增加（**绝不能减少**）连续的工作时间，最终目标是实现 25 分钟内的连续工作而不受干扰的影响。"在这个番茄时间里，我要努力做到 10 分钟里完全不受干扰的影响，在下个番茄时间里，至少保持这样的水平，一分钟都不能少。"就这样，一个番茄时间接着一个番茄时间，最后达到目标。

下个番茄时间会更顺利

有时间但却没利用好会令人产生无能为力的不快感。你开始胡思乱想，从过去一直想到未来："要是昨天在网上做点调查就好了，还有要是上周把邮件发出去就好了。我要怎么才能在下周前把报告交上去？"这些想法将激发你的内疚感，制造焦虑。

番茄工作法令你专注在当下的番茄时间里，一个完成了就接着下一个。你的注意力将只在当下，不断地寻找保持工作连续性的方法，并用最合理的方式执行手头上的任务。

在你失去方向时，番茄定时器能帮助你分清事情的轻重缓急并制订出新计划。如果你有明确的方向，但缺少一点东西，比如决心或者勇气，千万别坐着干等，给定时器上个发条，开始工作吧。

有拖延症的人说，番茄工作法让他们受益匪浅，他们终于可以集中精神，做出点成果（**指最多用五到七个番茄时间能完成的任务**），免受担忧之苦。一次一个番茄时间，不断完成任务，不断完成目标。

对于有严重拖延症的人来说，他们必须认识到，首要目标就是不受任何干扰地完成一个番茄时间，即在 25 分钟里专注做一件事。

什么类型的定时器最有效？

　　什么类型的定时器最有效？是机械定时器还是软件定时器？经验上来说，最有效的是厨房定时器。不管什么情况，为了保证最大效果，定时器需要满足以下条件：

- 定时器是能够上发条的。上发条这个动作宣告了你开始着手手头任务的决心。
- 定时器要能清楚显示剩余时间有多少，还要能发出嘀嗒声。这是用来练习时间感受和保持专注的。
- 时间到了，定时器要能发出清晰的提示声。

　　另外，记录一个番茄时间的结束或者将完成了

的任务从"今日待办任务"工作表上删除，使用者
需要保持这些固定的动作。因此，这些操作最好不
要自动化。

提高预测能力

　　番茄工作法带来更真切的一个收获是预测能力
的提高。预测能力通过以下两个途径得以提高：

· 减少番茄时间的预测数量和实际使用数量的误
　差，意味着量性预测能力获得提高。换句话说，
　就是我们在计划一天的任务时，预测完成一项
　具体任务所需的时间的能力提高了。自我观察
　和 30 分钟的量度是准确预测的两个基本条件。
　经验表明，如果低估的次数和高估的次数相等，
　意味着你的预测能力在提升。但是，系统性高
　估或低估的策略不会带来量性预测能力的提升。
　学会预测对有效工作至关重要。

· 减少计划外的任务的数量，意味着质性预测得
　到提升。换句话说，当我们在计划一天的任务

时，能够准确定位任务的数量和类型，更好的情况是，我们能确定任务的具体内容，保证它们能在最短的时间内完成。假如我们没能准确地计划必须完成的任务，或者没有意识到计划内的任务对完成最终目标不是最有效的，那么这便是低估的情况。番茄工作法能够追踪到计划外的任务，而我们观察和明白这些任务的性质能让我们磨炼出出色的预测和组织技能。

为什么番茄工作法既能提升量性预测又能提高质性预测？其中一个原因是我们预测任务是根据一个法则来细分的：**如果任务预计要花超过5到7个番茄时间，将它分解开来。**

细分后的任务更容易被理解和预测，误差也因此减小。小任务（不能太小）让我们找到更简单的解决方法。事实上，细分任务的目的不是将它们无止境地切分，相反，这么做是为了找到增量的道路，尽可能降低一项任务因干扰变得复杂的可能性。

动力和番茄工作法

在番茄工作法中，以下三个要素激发了个人动力：

- 在一天内完成既不简单又不复杂的几个任务，帮助你实现目标。记住，**如果任务预计要花超过 5 到 7 个番茄时间，将它分解开来。**
- 直接影响个人成长，每天都如此。
- 持续不断地观察和度量令你认识到自己的工作方式或是工作状态。

万一所有事情都乱套了呢?

如果你不得不匆匆行事,接到紧急的任务或是"惊恐"症发作,你该怎么办?如果你开始感到"流变"的焦虑,且截止时间在逼近,你该怎么办?若是全身无法动弹,你该怎么办?以上情况都有可能发生,因为我们只是人类,但是番茄工作法对付这些情况极其有用。

首先,检查下情况,搞明白这个番茄时间里都出了什么问题。如果有必要,重新安排活动。保持对新事物的开放心态,善用新点子找到关键任务所在,在下个番茄时间里专心致志地工作,不要停下。专注和清醒的意识能够提高效率,每一个番茄时间都是如此。

如果你特别累,就安排短一点的番茄时间组(比如，三个番茄时间为一组），在组与组之间设置更长的休息时间。如果你觉得越辛苦、落后越多，或者越惊恐，你就越应该进行重复和回顾，而不是不惜代价地推进。重要的不是弥补失去的时间，而是专注于完成任务的每一个下一秒，那些你总想做点儿别的什么事的下一秒。

番茄工作法的局限

番茄工作法的最大缺陷在于你需要一个小器械
来帮助你有效地完成任务。断断续续地使用该工作
法会抵消前面所提到的所有的好处。尽管逐量分解
任务的能力不变，你也保持短休息的做法，但是番
茄工作法的法则对保持工作的高效至关重要。

什么时候不适合用番茄工作法？

番茄工作法不适用于你在自由时间所安排的活动。实际上，番茄工作法会让这些活动变得有条理且有目的性，这样一来，自由时间就不自由了。如果你抱着娱乐身心的目的去读一本书，这时候就根本不需要用番茄工作法，你要将番茄时间从自由时间里抽走。

掌握番茄工作法

　　事实上，番茄工作法对个人或团队产生的积极效果来自于许多不同的因素，这些因素归纳起来有以下几点：

逆转对时间的依赖

　　番茄时间代表的是时间的片段，也是一个能控制和限制"流变"的"方格"，到最后，时间反而依赖这个"方格"。通过打破和倒转我们对时间的依赖，时间的新视角就产生了；通过用有限的时间片段（番茄时间）来度量自己，我们便能成功打破对"流变"这一概念的直接依赖。

　　具体来说，时间箱的概念和番茄时间倒流的典型概念（从 25 分钟到 0 分钟）会对我们产生良性压力，有益于决策过程。总的说来，这会让你在变得自信的同时完成所有任务。

　　时间的流逝不再被视作消极而是积极的了。每个番茄时间都表示一个提升自我或者在困境中迅速重振自我的机会。流逝的时间越多意味着你改善过

程的机会越大、预测和安排任务变得越轻松、焦虑
减轻得越多，伴随着的是提升的意识、增强的注意
力，以及对决策下一步的更清晰的思维。最后，生
产力得以提高。

　　此外，番茄工作法中对时间依赖的逆转机制能
够减少干扰。这个机制将提升你在工作中的专注力
和连续性，当然，这同时与生产力的提升有着密不
可分的关系。

调节复杂性

如果每天能够完成几项既不太复杂又不十分简单的颇具挑战性的任务，我们的动力就能最大化，要达到这个效果，只要简单地遵循以下法则就可以了：

- 如果任务预计要花 5 到 7 个番茄时间，将它分解开来。
- 如果任务预计所花时间不够 1 个番茄时间，把它们累积起来。

复杂性不那么高的任务更容易预测，量性预测的准确性也能提高。将任务分解，这样它们的增量价值就能提高我们完成目标的决心。

抽　离

　　番茄工作法里频繁的小憩对于流动的、清醒的
和有效的大脑活动颇有益处，并能带来生产力的提
升。值得一提的是，在许多工作场合中，人们抗拒
休息，将休息视作软弱的标志。许多公司奉行这样
的智慧："真正的精英早上 9 点开始开会，到晚上 10
点结束，中途没有离开办公室。"这样极端的行为正
是挫败感、糟糕的专注力和无效率的罪魁祸首。

　　使用了番茄工作法后，很多人开始明白"抽离"
的价值和效果。每 25 分钟一次小憩让你从不同的视
角看待事情，并想出不同的解决方法。如此一来，
你总是能找到需要修正的错误，你的创造力也会被
激发出来。"抽离"提高了连续的价值。

　　但是，休息必须是彻底的休息。如果在 25 分钟

工作时间结束了或者一组番茄时间完成后，你停止了手头上的工作，但在休息时候继续想着工作，这就不是真正的休息。在番茄工作法中，你得习惯停下来，从无法提高个人或者团队效率的工作环境中抽离，从外部观察自身，提高觉察行为的意识。这时，停下是优点而非弱点。

观察和不断地反馈

番茄工作法也代表了每 25 分钟一次比较科学的工作方法。一个番茄时间的头 5 分钟和最后 5 分钟用来复习你所做过的事情，令你觉察之前所为是否有效。在这方面，两人一队的工作比个人工作或者团队工作效果更大。在最紧要的关头，工作方向能从接下来的番茄时间里做出改变，所需完成的任务也可以重新安排。

每日至少记录一次数据，追踪每一个 30 分钟，这样一来，我们就能根据目标来测评工作方式。通过观察你的记录，你可以做出修改工作过程的决定，改善任务的内容，制定更加明确的目标或者分解任务，找到和删除重复的工作或阶段，采用不同的策略来应付聚集在一起的任务，同时减少质性预测的误差。

在工作或学习过程中不断提升，这样的机会使你更坚定，并能激发你的个人兴趣。

可持续的节奏

尊重工作和休息的安排表帮助我们实现可持续发展。事实上，为了保证持续的高生产力，马不停蹄地从早忙到晚并不是上策。工业生产中的机器如果毫不停歇地工作很长一段时间当然能产出更多，但是人类不是机器。

如果尊重每个番茄时间之间以及每组番茄时间之间的休息安排，你可以用自己的节奏工作或学习。你会疲倦，这很自然，但是你不会筋疲力尽。换句话说，通过有意识地安排休息时间和工作内容的复杂性，最后每个番茄工作法的使用者都能了解自己的可持续性节奏和生理节奏。

下一步

准备好了吗？定时器也准备好了吧？模板和工作表也准备好了吧？

开始吧！

在你面前的提升之路包含了训练、观察和乐趣。给定时器上发条，运用番茄工作法，虽然番茄工作法有六大目标，但是远在你完成第一个目标前，你就已经能尝到该工作法带来的好处了。

下一步要做什么？以下的几点建议能够让你一步一步地提升：

- **每个番茄时间都很重要**。番茄工作法的目标就是要发展个人对时间的意识，也就是你要能觉察每个下一步。每一步，你都在培养这种觉察能力。观察需要努力和训练，所以你要收集自己如何工作的信息，而且要系统地做。我们的成长会令自己大吃一惊，也能一路摆脱不切实际的想法。

- **你不用和时间竞赛**。在番茄工作法中，如果有意识地使用时间，那么时间就是用来提高工作效率的工具。培养觉察能力是目标，而时间是工具。你会和斧头一般的工具一争高下吗？毫无道理可言。在某些情况下，你会生出赢过时间的念头，比如，你想在一天之内完成很多个番茄时间，打破某个纪录。如果你这么做，那么你其实已经输了，因为正如波德莱尔在诗作《时钟》里写的："时间是个贪婪的赌徒，从不作弊，逢赌必赢！"和时间的任何形式的竞争都注定会输。如果在某个瞬间，你突然发现自己在和时间竞赛，该怎么办？请暂停番茄时间，深呼吸，记住：下一个番茄时间会更顺利。

· **休息**。休息是番茄工作法的重要组成部分。休息让你从工作中抽离一会，觉察到疲倦，并决定停止或者继续下去。休息一阵后，带着更清晰的认识和更强的工作意愿，进入下一个番茄时间。休息令我们更高效，它们并不干扰工作。

· **一次完成一个目标**。番茄工作法被细分成一系列增量性质的目标。有意识地使用该工作法并成功达成上个小目标都有助于完成下一个目标。为了看清楚自己是否真的完成了目标而不是欺骗自己，我们来回答以下问题，它们能够帮助我们设定从各种不同目标中获得提升的样子：

　　· 用番茄时间的头 5 分钟和最后 5 分钟回顾完成的工作后，一切有没有更清晰？

　　· 如果在修改和重复任务时，大声念出来

会不会更有效果？

· 如果在修改和重复任务时，找一个伙伴一起完成会不会更有效果？

· 假如你发现以上问题的答案都是否定的，而且你不能轻松地达成一个既定目标，那么问问自己，是否完全且清醒地完成了之前的目标。如果没有，暂停手上的工作，直到你完成之前的那些目标。

· **没有必要赶时间。**你的目标不是在最短时间内完成番茄工作法的所有目标，这样做不过是和时间竞赛。慢下来，根本没有必要赶时间。按照你的节奏走，在完成现有工作的路上一路享受。快乐并非来自匆匆赶往下一个任务的路上，而是来自于能清醒地体验手头上的工作正在被一点一点完成。

话不多说了，番茄时间来了，我们开始吧！

法则

1. 一个番茄时间包括 25 分钟的工作时间和 5 分钟的休息时间。

2. 每完成 4 个番茄时间，休息 15 到 30 分钟。

3. 一个番茄时间不可分割。没有所谓的半个番茄时间或四分之一个番茄时间。

4. 一个番茄时间必须有始有终。

5. 如果一个番茄时间被不停中断，则该番茄时间作废。

6. 如果在一个番茄时间没结束就完成

了任务，请检查、回顾任务，直到定时器响起。

7. 保护番茄工作法。及时告知对方（**你目前没有时间**），迅速协商、重新安排中断事件并按照协商时间回复来找你的人。

8. 如果任务预计要花超过 5 到 7 个番茄工作时间，将它分解开来。将复杂的任务分解成几个小任务。

9. 如果任务预计所花时间不够一个番茄工作时间，把它们累积起来。

10. 结果是一个又一个番茄时间的累积。

11. 时间表总是优先于番茄工作时间。

12. 一个小队，一个番茄时间。

13. 下一个番茄时间会更顺利。

附　录｜Appendix

术语、表

番茄形定时器（POMODORO）：这是一款厨房用的定时器，用来度量 25 分钟的间隔。因为第一次使用的定时器外形像个番茄，所以我把这一时间管理技术称作"番茄工作法"。

时间箱（TIME-BOXING）：如果使用时间箱，就把一系列的任务分配到特定的时间段，执行任务的时间绝不能更改。如果有需要，未完成的任务可以重新安排到下一个时间段去执行。

质性预测误差（QUALITATIVE ESTIMATION ERROR）：当我们需要完成一个目标，但是却没有将过程中所有必须要完成的任务预测进去，就发生了质性预测误差。

量性预测误差（QUANTITATIVE ESTIMATION

ERROR）：当一个任务实际所花时间比我们预测的多或者少，那么就产生了量性预测误差。

	今日待办任务	*the* **Pomodoro** TECHNIQUE
姓名 : _____		
日期 : _____		
	计划外 & 紧急	

	今日待办任务	
姓名：_____		
日期：_____		

	计划外 & 紧急	

活动清单

姓名：＿＿＿＿＿＿＿＿＿＿＿＿＿＿＿＿＿

the **Pomodoro**
TECHNIQUE

	活动清单	
姓名: _____		

		活动清单
姓名：_____		

		活动清单
姓名：		

记录表

姓名：_____

the Pomodoro TECHNIQUE

日期	时间	类型	活动	预测所用番茄时间	实际所用番茄时间	误差

记录表						
姓名：_____						

日期	时间	类型	活动	预测所用番茄时间	实际所用番茄时间	误差

参考书目

Charles Baudelaire，*Flowers of Evil*（Oxford University Press，2008），ISBN 978-0199535583.
夏尔·波德莱尔《恶之花》（牛津大学出版社，2008），ISBN 978-0199535583.

Henri Bergson，*Creative Evolution*（Book Jungle，2009），ISBN 978-1438528175.
亨利·柏格森《创造进化论》（Book Jungle，2009），ISBN 978-1438528175.

Jerome Bruner，*The Process of Education*（Harvard University Press，1977），ISBN 978-0674710016.
杰罗姆·布鲁纳《教育过程》（哈佛大学出版社，1977），ISBN 978-0674710016.

Jane B. Burka and Leonora M. Yuen，*Procrastination: Why You Do It，What to Do About It Now*（Da Capo Lifelong Books，2008），ISBN 978-0738211701.
简·博克，莱诺拉·袁《拖延心理学：向与生俱来的行为顽症宣战》（Da Capo Lifelong Books，2008），ISBN 978-0738211701.

Tony Buzan, *The Brain User's Guide* (Plume, 1983),
ISBN 978-0525480457.
东尼·博赞《大脑使用者指南》(Plume, 1983),
ISBN 978-0525480457.

Hans-Georg Gadamer, *Truth and Method* (Continuum,
2004), ISBN 978-0826405852.
汉斯-格奥尔格·伽达默尔《真理与方法》(Continuum,
2004), ISBN 978-0826405852.

Tom Gilb, *Principles of Software Engineering Management* (Addison-Wesley, 1996), ISBN 978-0201192469.
汤姆·吉尔布《软件工程管理原则》(艾迪生维斯理,
1996), ISBN 978-0201192469

Abraham H. Maslow, *Toward a Psychology of Being*
(Wiley, 1998), ISBN 978-0471293095.
亚伯拉罕·马斯洛《需要与成长：存在心理学探索》(约
翰威立, 1998), ISBN 978-0471293095.

Eugène Minkowski, *Lived Time* (Northwestern University Press, 1970), ISBN 978-0810103221.
尤金·明科夫斯基《不虚度的时光》(西北大学出版社,
1970), ISBN 978-0810103221.

感　谢

　　首先，我想感谢我的朋友兼导师——乔瓦尼·卡普托（Giovanni Caputo），感谢他一路以来的陪伴。

　　我也想感谢鼓励我写下这本书的每一个人：卡特琳·蓝普法（Katrin Rampf）、马可·伊瑟拉（Marco Isella）、克劳福德·麦卡宾（Crawford Mc-Cubbin）、凯塔琳娜·马丁娜（Katharina Martina）、卡洛·格拉底（Carlo Garatti）、露西·沃克莱尔（Lucy Vauclair）、米歇尔·奥伽他（Michelle Oga-ta）、米克·麦戈文（Mick McGovern）、皮尔就连诺·波西（Piergiuliano Bossi）、克劳迪娅·桑杜（Claudia Sandu）、苏梅华（Meihua Su）、丹妮拉·法几奥（Daniela Faggion）和阿里桑德·德瓦其奥（Alessandra Del Vecchio）等人。

　　感谢参加工作坊学习番茄工作法的所有人，他们的反馈令我不断观察和提高番茄工作法。我尤其要感谢安·威尔逊（Ann Wilson）、李·沙利文（Lee Sullivan）、凯蒂·格迪斯（Katie Geddes）、西蒙娜·格里尼（Simone Genini）、布鲁诺·博索拉（Bruno Bossola）、几安南德亚·卡斯塔尔迪（Giannandrea Castaldi）、罗伯托·克里韦利（Roberto Crivelli）、欧内斯托·迪·布拉西奥（Ernesto Di Blasio）、艾尔波托·库里奥（Alberto Quario）、洛里斯·尤格里尼（Loris Ugolini）、艾波里可·古尔费第（Alberico Gualfetti）、马可·丹尼（Marco Dani）、路易吉·孟哥尼（Luigi Mengoni）、莱奥纳多·马里南格里（Leonardo Marinangeli）、费德里克·德·费里西（Federico De Felici）和妮古拉·卡娜里尼（Nicola Canalini）。